這一次，你該捨不得的是自己

How to
Break up with
Anyone

婕咪・瓦克斯曼 Jamye Waxman 著

羅亞琪 譯

目　錄 CONTENTS

推薦序

擺脫桎梏，練習在乎你自己

周慕姿（諮商心理師）

我第一次遇到這個女孩，是在一個下著雨的陰冷冬天。

她有些吞吐地告訴我，她的母親如何控制她的生活、掌握她的行蹤，母親要求她凡事順從，包含所選的對象。

「我為妳付出那麼多，妳要孝順、要當個好孩子」，是這母親最常對女兒說的話。女孩為了不讓母親失望，不論是學業、工作、生活，她都盡量妥協、取悅母親，以求成功扮演母親心中「孝順女兒」的角色。隨著時間過去，女孩長大變成女人，擁有獨立的經濟生活與思考能力，她才發現，母親理應是她生命中最重要的人，但卻也慢慢變成了現在她生命中，最亟須面對的痛苦與問題。

尤其，母親在女孩不順從她時，所採取的言語、肢體暴力與激烈手段是如此傷人、毫不留情地折磨著女孩，這使得女孩非常寒心。

「她真的愛我嗎？還是說，她愛的是，可以滿足她的我？」

望著女孩強忍著不願掉下的淚，看著她扛此重擔、卻仍強撐著的單薄身軀，我，覺得不忍。

「……我沒辦法完全不管我媽，她讓我覺得，我如果不理她、不照她的方式去做，我就是個很不孝的壞女兒，可是……照著她的話去做，我真的覺得好痛苦，好痛苦，而且她好像永遠都沒辦法滿足。」

對女孩而言，如果要留在這段「毒性關係」裡，她將犧牲所有的自尊、自我價值和愛人的能力；而為了維持這段關係，她必須一直妥協、取悅對方，直到她自己被消磨殆盡為止。

但如果直接逃離、放棄這段關係呢？女孩或許也會被巨大的罪惡感給吞噬。如果她想要保護她自己，甚至，保有她自己，是否還有其他選擇？

面對這樣折磨的親子關係，是否能與一段痛苦的伴侶關係一樣，也有選擇「分手」的可能？

拒絕／被拒絕以後，我們能做些什麼？

《這一次，你該捨不得的是自己》這本書，說的就是關於「分手」的課題。

這本書談的「分手」，指的不只是伴侶關係，還包含與朋友、家人、社群、工作、性別認同／性向，甚或是任何關係、環境或信念。

書中所提的「分手」，我認為，是我們從小很少有機會好好學習的議題：關於「拒絕與被拒絕」。

當面對一段讓我們覺得痛苦、無法忍受的關係時，我們要如何尊重自己的感受，鼓起勇氣跟對方說明「我們想要結束這段關係」？又或者，當我們是「被分手的一方」時，我們要如何面對強烈的挫折感、失落感以及被否定的感覺？

「拒絕別人」或是「被拒絕」，原本就是人際關係中相當困難的課題；而「分手」或「被分手」，代表我們拒絕／被拒絕的不只是一個行為，而是一段關係，因而更加困難。

但是，「分手」，卻也是在我們生活中相當常見的事情。當我們決定換跑道／換工作／改變生活環境／轉學／升學／與家人減少或不聯絡／改變宗教信仰或政治信念／決定不跟某些或某個朋友聯絡……這在我們生活中，是時常有的經驗，但通常對我們而言，卻也都不是個容易的決定。當我們要做抉擇時，總伴隨著各種掙扎，例如：擔心對方的心情、自己是否做錯決定，或懷疑自己是否有勇氣提出；而如果我們是「被分手」的一方，更是覺得突然、驚訝或難以接受。

當然，考慮到被分手方的心情，或許我們會覺得，如果因自我的需求而提出分手，是種自私的行為；這想法可能使得我們有強烈的罪惡感，甚而無法鼓起勇氣提出這項需求。但如果經過評估，「分手」的提出，可能讓兩邊都有機會重新思考、調整彼此的關係，因而獲得更多成長、更好的生活；那麼，提出「分手」，或許也不是件如此罪大惡極的事情。而，如果想讓「分手」有機會將傷害降到最低，讓彼此在這個經驗中獲得最大的幫助，那麼「如何分手」，還有「分手／

被分手後我們能做什麼」，就成為我們需要學習的技能。

《這一次，你該捨不得的是自己》一書，除了提醒我們，什麼時候我們需要「分手」之外，其清楚的說明與步驟，也讓我們在面對「分手／被分手」這困難的議題時，減少混亂、焦慮與慌張；使我們有機會穩定下來，不僅是責怪對方或自己，而是學會理解、安撫自己的情緒，甚至真正地「好好照顧自己的感受」；而當照顧好我們自己的感受後，我們才有機會、有能力地真正理解對方的感受與處境。

當你身陷一段泥淖般的關係時，你選擇留在原地繼續忍受，抑或願意盡力一搏、努力掙脫？「這一次，你該捨不得的是自己」，或許，當你翻開這本書，也等於給了自己一個機會，開始練習尊重、在乎自己的感受。藉此機會，好好檢視自己的生命；鼓起勇氣，做出能讓自己用「真實的面貌」生活的決定，擺脫不健康關係的桎梏，以獲得心靈的自由！

前言

用對的方式告別，讓失去不再那麼痛

每個人的一生，都曾經結束許多關係，說再見的方式也有好多種。你上次細數這些告別的經歷與方式，是在什麼時候呢？

多半數不完吧！因為有的關係會悄悄出現，倏地消失；有的則又持續多時，久而不散。不過，當你仔細想想，其實沒有任何關係可以永遠存在，因為我們難免一死；只是某些關係結束得比較快。只能說，因為人們希望生命中擁有許多長短不一的關係，所以要全部記住太難了，倒是那些最美好和最痛苦的揮之不去。

就我來說，開始撰寫這本書時，我才真正開始仔細探索自己每次告別的經歷。回想過去的每段關係，我才發覺原來自己從不知道，好多關係其實都是在經過選擇後結束的，而非隨著命運之輪的轉動，不知不覺就失去某段緣分。

我經歷了許多告別。其實，誰不是如此呢？不管我們是否有所察覺，告別都是很普遍的人生經歷。人們就是這樣在我們的生命中來來去去，有時他們哭哭啼啼地告別；有時卻為我們帶來收穫。

幾年前，我結束一段親密的友誼，那是一次非常難熬的經歷。就是這段經歷，讓我動了寫這本書的念頭。我一方面為自己感到難過，為了失去這個人傷心（或者是她失去了我？），一方面思索著哪裡可以找到幫助我繼續前進的辦法。畢竟，我已經失去了最好的朋友，再也不能向她傾訴心聲，我只能另覓他徑，為自己被剝奪的悲傷尋找宣洩的出口。

當然，還是有其他人可以傾訴，但他們大多是我們共同的朋友，不願被夾在中間（他們也不應該被夾在中間），而共同朋友之外的人難以理解，結束這段友誼有什麼好傷感的。至於那些能夠明白的人，也沒有這麼多的時間或精力，去面對一個因為失去閨中密友而悲嘆不已的女子。

因此，我開始尋求其他的辦法。我發現市面上有很多關於告別的書，但是都僅限於失戀的範疇，並沒有任何關於女性失去另一種愛的書籍。這種愛，照理說應該要像一顆美味持久的糖球（everlasting gobstopper），會一直持續不斷地存在〔譯注：兒童文學《查理與巧克力工廠》（*Charlie & the Chocolate Factory*）裡的一種糖果，據說可以一直吃下去，永遠不會吃完、也不會變小〕。就在當時，我開始想要撰寫關於這個主題的書籍，或許可以讓我不這麼孤單。並不是因為書籍總是可以讓我的心情好轉，或是療癒我的傷口，而是因為它讓我了解到，告別是我們每個人必經的過程。

我們的處理方式或許有所不同，但是總有一些大原則可以幫助我們結束得不那麼痛苦。雖然不是每個人都會以同樣的方式告別，也不是所有人都能擺脫告別的陰霾，但是每個人告別的經歷往往很類似。因為告別的方式並沒有上百種，最多只是其中的轉折變化各有差別而已，像是面對面、使用電話或簡訊、寫信、透過第三者，或是避不見面。

撰寫這本書也提醒了我，要告別得圓滿，不是沒有十拿九穩的方式。特別是在做決定時，你有自信不會動搖，也有能力始終如一，這樣的告別就不會太痛苦。此外，自己必須充分明白告別的原因，在提出告別的時候盡量不要拖得太久，語氣也要柔和。

研究證實，結束一段關係最好的方式是面對面，因為這種方式比較令人滿意，也會有更多關係終結的感覺。我曾和用其他方式結束關係的人談過，好比撰寫電子郵件結束親子關係、被教派踢出團體、傳簡訊結束合夥關係等。這些方式雖然並不理想，但是有時候理想的狀況反而會帶來一股莫大的壓力，而這是沒有人能夠處理，也不願意處理的。

本書最後兩章談的是終結與原諒這兩個課題。我會和一些心靈導師與宗教領袖一起來討論「原諒」的概念。沒錯，這個詞彙很複雜，也是一個十分敏感的議題，可以徹底改變你的信念，原諒那些你寧可忘記的人。

我自己就運用這些資訊，從此在人生中面臨告別時，都抱持著更快樂、更健康的心態。我希望我的文字可以帶給你力量，在關係無法繼續時，幫助你做出最好的抉擇，讓你與內心對話。最後，無論面對告別或爭吵，我都希望這本書能讓你獲得解脫。

第一章

所有關係，都有到期的時候

告別讓人害怕，因為改變後不知道會發生什麼事。

然而，人生中唯一不變的三件事情之一，就是變（另外兩件則是死亡和稅金）。

這些不變的事物都一樣，躲得了一時，躲不了一世；

講到與折磨自己的人告別這件事時，情況更是如此……

所有關係都有到期的時候，不僅限於戀愛關係。分手這件事，不見得只是不再愛了，或是發覺對方不是對的人。更何況並非所有類型的人際關係，最初都和「對的另一半」墜入愛河有關。不管對象是父母、兄弟、平輩堂（表）親、摯友、性別認同、教會、佛寺、教派、老闆、事業夥伴、指導老師、牙醫、教練，甚至自己的腿，抑或是其他任何人事物，只要彼此的關係發生問題、無法解決，就會開始告別的過程。

在戀愛以外的關係裡，告別的原因有上百種。有時候，結束是因為你不開心、不滿足；有時候，因為總是和同一個人在一起，讓你感覺麻木，所以才會結束；有時候，則純粹只是無法繼續，或是不想繼續。

現在，你明白人們分開的原因通常是這幾種。然而，倘若這段關係與戀愛無關，想要對包括自己在內的任何人解釋這一次分開的經驗，就會變得困難重重。當你還在內心尋找結束關係的理由（例如，你為什麼終於有勇氣結束手足關係？），或是試著向其他人解釋原因（要如何向母親解釋，你不再與妹妹說話？）時，會發現這件事變得格外艱難，那是因為大部分的人不會想到你和情人之外的人也會「分手」。

此外，還有一個原因讓人很難解釋這類戀愛關係以外的告別：這個世界非常珍惜一段關係的開始，也很重視給彼此第二次機會。這個社會害怕「說再見」，若是非得說再見，我們也希望某一天能再次說：「嗨！又見面了。」如果聽見《樂高玩電影》（*The Lego Movie*）的主題曲〈太樂搞了〉

（Everything is AWESOME!，譯注：這首歌反覆出現的副歌歌詞是：「一切都很美好！」）也無法高呼勝利，那麼要鼓起勇氣做自己喜歡的事，就得花更多的時間說服自己與他人。然而，還是必須堅強果敢，因為雖然大家都不喜歡告別，但告別卻顯示出我們能選擇自己想要的人生。

好消息是，人們開始會公開談論自己在戀愛關係以外的告別經歷。波士頓馬拉松（Boston Marathon）的選手寫了一封告別信給即將遭到截肢的腿，就是其中一例[1]。她用幽默的文筆面對極為難受的處境，告訴我們，其實我們可以笑著看待必須放手的事物。費城也有一位性教育者曾寫過一篇文章，談論她和自己的皮膚科醫師告別的歷程[2]。她的信告訴我們，有時候並不是人的緣故，而是科技導致告別。無論我們要和什麼人事物告別，可以確定的是，很多人都曾有過這些經歷。

何謂告別？

在認識告別的各個複雜層面前，先讓我們定義這個詞彙。一想到告別，你會想到什麼？必須和「寶貴事物」分離，像是朋友與家人？或是刪除手機裡的某個電話號碼？還是要從最喜歡的社群網站封鎖某人，假裝對方不曾存在？巫毒娃娃與魔藥，這些會是你告別的元素之一嗎？

告別的定義大不相同，就像告別的行為各有差異一樣。若是同時和一個以上的人事物告別，或是要和自己的性別與性向告別，定義更是格外難以釐清。但是，用最簡單的方式來定義，告別就是結束一段關係。

以正面的態度來看待告別，就會發現結束意味著你可以重新開始。當你曾珍視的這段關係不再那麼珍貴，或是這段關係帶來痛苦，都會讓你想要結束；無論何者為是，告別就是放手的過程。告別是一個轉變，改變我們對於彼此關係界線的想法，並且允許我們改變一段無法繼續的關係。

告別不只是「分開」這個字面上的定義罷了，還是一個行動。告別是一種抉擇，也是改變，讓你學會照顧自己，繼續好好過著人生。告別就是學習建立一面看不見的圍籬，保護自己，同時設立清楚的界線。這個「圍籬」的譬喻，最終會帶給你更多自由與空間，讓你隨心所欲地自在移動。

告別，就是對自己負全責，做應該要做的事，讓自己在面對任何狀況時，心情都能舒坦。結束一段關係，可以逼你學會

與告別有關的詞彙

擺脱	失去聯繫	盡頭	新的開始	拆開
分離	分開	切斷	放手	無以為繼
拆散	分道揚鑣	感情出現裂痕	散了	離別

放手，並且教你信任自己的勇氣。關係消失後，你應該為自己鼓掌，因為你有勇氣追求自己想要的，而且對自己有自信，相信自己有資格得到。

然而，告別依然很難。告別帶來的情感傷害，就和下決心將寵物安樂死一樣大。雖然告別是一個艱難的決定，但是你卻有理由這麼做。告別常常令人畏懼，這不只是壞的不去，好的不來；告別讓人害怕，因為改變後不知道會發生什麼事。然而，人生中唯一不變的三件事情之一，就是變（另外兩件則是死亡和稅金）。這些不變的事物都一樣，躲得了一時，躲不了一世；講到與折磨自己的人告別這件事時，情況更是如此。

和戀人以外的對象「分手」，經常帶有罪惡感

每當我們聽見有人剛剛經歷分手，第一個想到的通常會是戀愛關係。我們會聯想到離婚、分居、分財產和爭奪監護權等。我們總會先入為主，認為分手的對象是情人、配偶、男女朋友、曾經愛得不得了的小貓咪、小兔子、小寶貝或小甜心。這種預設心理就讓戀愛關係以外的告別（像是朋友、家人、治療師或事業夥伴等），好像變成不可告人的祕密，好像這並不應該發生，如果發生了，就是你有問題。可是，要是我們其實做對了呢？

想想那些在學術研究或媒體上常常出現的分手議題，就會發現這些議題幾乎都是和一段「失

敗」的戀情有關。此外，長期以來，分手講的僅限於戀愛關係，所以其他類型的關係好像不會、也不該出現裂痕，而這些戀愛關係以外的告別好像也沒有必要「昭告天下」。

大多數的非戀愛關係好像都應該輕鬆自然地發生，再輕鬆自然地劃下句點。如果必須與接吻對象以外的人告別，我們好像該痛扁自己一頓，責怪自己沒有好好維繫這段關係。我們也會認為自己很自私，因為「真正」的朋友應該要無私才對，而且這些人並不是我們的情人，所以我們有時會擔心旁人看待這件事的眼光。

分手可能是心碎，也可能是甜美的自由

在整本書裡，我都會請臉書（Facebook）好友分享他們的想法。在此，他們要分享他們對於分手的定義。他們的說法包括：

「分手通常意味著說再見。」

「一樣東西被奪走了。」

「要看是什麼關係，可能表示拒絕、不安、否定和恐懼。」

「結束某個放在心裡最底層的根本事物，是無法拒絕的重大改變。」

「自由。」

「通常會有一方感到極度難過，另一方則極為內疚。這兩種感受很少會是雙方都感受到的……即使如此也仍然痛得要命。」

「三振出局。」

「是一種綜合的感受，包括鬆了一口氣、不真實感，以及切斷關係的感受，但同時也是照顧自己、保護自己、自己做主的感覺。」

「放棄。」

「分手應該要彼此共同決定結束關係，因為這段關係對雙方來說已經難以持續。沒有必要感到生氣、傷心或沮喪，因為我們都是大人了。可是被別人甩掉或甩掉別人就不一樣了，因為這個舉動並不是互相的，而且通常會非常難受。分手還好，甩人或被甩的感覺就很差……但兩者都是無法避免的。」

「成長。」

「結束一段伴侶關係。可以適用於戀愛關係或婚姻，也可以適用合夥關係。不一定是悲傷的，也可能相當正面。人會成長，各自朝著不同的方向邁進。人生就是不停的改變。」

「失敗。」

「自由與痛苦的一線之隔。」

「我們最大的恐懼成真了，這份恐懼就是自己孤伶伶的，沒有人愛。一旦成真，就會感到絕望無助。」

「這要視我對那個人的想法而定，分手可能是心碎，也可能是甜美的自由。」

「分手就是失去你和那個人在一起時，擁有的一切夢想與計畫。不見得是失去了那個人，而是失去你在那段關係中對自我的『概念』。」

那是因為在開始這些關係時，我們不認為會有結束的一天。兩個人在一起後，我們常會不確定這段感情是否長久，不曉得對方是不是對的人。隨著感情繼續發展，我們會在內心反覆檢視，並衡量自己的情意多寡。但是，我們通常不會上網搜尋某人的一切，只為了和他展開愛情以外的關係，我們也不是無法自拔地陷入好姊妹的生活。我們不會瘋狂傳簡訊、打電話給這些人，或是不停重新整理網頁，追蹤他們在臉書上的最新動態。因此，這些愛情以外的關係如果還好好的，我們不會想到可能有結束的一天。可是，關係一旦有所轉變，事情就會變得窘迫。而我們並不會去想，他們的心裡是否還有我們。同樣地，若要刻意把對方遺忘也很難。

戀愛關係就不一樣了。戀愛時，我們彼此結識，漸漸讓他們走進自己的世界；而他們也會慢慢帶著我們進入他們的世界，介紹親朋好友給我們認識，這是一件大事，因為那是「他們」的親朋好友，而不是我們的。

在一起時，兩人的世界開始重疊，如果這段關係維持得夠久，他們的某些朋友就會變成我們的朋友，反之亦然。分手之後，沒有變成朋友的人就不會再出現，真的變成朋友的人也可以輕易將我們和前任情人加以分開。畢竟，我們一開始就是來自不同的世界，結束後也會回到不同的地方。因此，我們可以在各自的社交圈裡毫無顧忌地談論分手的事，這個社交圈是前任情人還沒出現在生命中就已經存在的。

然而，在戀愛關係以外的告別中，你的社交圈有可能與對方重疊，這就使你很難結束這段關係，遑論提及你對結束關係的感受。例如，你的摯友變成你的事業夥伴，後來兩人拆夥了；或是你不再與母親說話，但和姊姊還是很親近，在這些情況下，斷絕關係的過程就會變得棘手。

鮮少有人會談論戀愛關係以外的「分手」，所以你可能不知道能夠找誰傾訴。對方可能是你的家人、事業夥伴或最好的朋友，但也可能是一個團體、你的職業或是宗教信仰，所以和這些事物了斷可能會讓人感覺相當孤寂，和過去的自己告別也是如此。

除此之外，要說到結束這些關係的理由時也很困難。談了一段很長的感情，其中一方可能做了某件終止這段關係的錯事，他們可能背叛你、對你撒謊、從不說「我愛你」，或是不把你介紹給家人，也或許你單純就是無法繼續下去。在大多數的戀愛關係中，你都可以找到分手的明顯理由。

就算你的好友說謊，或你的母親是一個冷酷的女人，當你不得不向另一個人解釋這些事，還是會比解釋前任男友或女友做了哪些事令你抓狂還要困難[3]。因為提及戀愛關係以外的告別，我們對另一方的情感往往仍在，只是不再有所羈絆。

那麼，要是這段關係太過單調、無趣，結束後讓你鬆了一口氣又會如何呢？該怎麼解釋？雖然有一點像是感情淡了，有時候的確也會發生這種事，但是其實並不完全如此。不過，說「我沒感覺了」還是比起「這段關係太無聊了」要來得理直氣壯，因為後者聽起來就像你不夠努力維繫。

而且和情人分手，大家的經歷通常很像。結束戀愛關係後，我們常常感到「心碎」。這一點不需要解釋，因為大家都知道。可是，結束其他關係，又是哪裡破碎了？你要用什麼詞彙表達那種傷心與失落？用心理治療的術語來形容，這種感受就稱為「被剝奪的悲傷」（disenfranchised grief）[4]，也就是當我們為了失去的事物感傷時，卻不被社會大眾所認同的悲傷感受（例如，離婚後失去繼女、絕交後失去摯友等）。

關係一旦結束，我們需要時間平復心情，並且處理思緒。生理上，你可能會覺得胃在翻攪或心痛欲碎；心理上，你得面對失去某個人事物的感受，因為那個人可能還活得好好的，卻不再是你生命中的一部分。

不管結束關係是否有理由，旁人（無論是家人、朋友或配偶）都可能無法理解，結束一段愛情以外的關係有什麼好哭天搶地的。那麼，訴說這段關係的終結就會變成小題大作，但其實這只是讓你面對自身決定的一個方法。

比分手更難啟齒的傷痛

提及愛情以外的關係，沒有任何規則手冊教你如何恢復生氣。換成愛情，就會有一大堆建議：「忘掉某人的最好辦法，就是再認識新的人」，出門走走，或是找女性好友出去玩。但是，戀愛關係以外的告別通常沒有現成的支持系統。如果告別的對象是母親，可能無法轉向家人尋求協助；如果對象是摯友，則可能很難從其他朋友的身上得到幫助。支持系統會變動，但是戀愛關係以外的告別仍可能讓人更加孤寂，因為你不知道要向誰求助，特別是在告別對象是一個群體，而該群體是你的唯一歸屬時更是如此。

再者，這些人無法被取代，並不像前任情人那樣。沒錯，當有些人的父母糟糕透頂時，會過繼給新的「父母」。但是一般而言，當你找到新的摯友時，雙方的連結還是不同，和你上一位摯友的連結並不會一模一樣。是啊！不同的情人也不可能完全相同，但在一起做的事有很多還是一樣的：約會、性愛、彼此依偎擁抱等。

雖然和生命中的其他人結束關係，感覺不太「對勁」，但也不需要因而覺得是個禁忌。就像心理治療，不久前從來沒有人會聊起看心理治療師的經驗；沒有人會承認自己跑去看「精神科醫師」或其他專業人士，治好他們的腦袋。因為如果需要有人治好你的腦袋，那你不是瘋了嗎？並非如此。時至今日，看心理治療師是很酷的一件事。不僅如此，現在還有許多關於心理治療的電視節目，像是HBO的《捫心問診》（*In Treatment*）、VH1的《夫婦治療》（*Couple Therapy with Dr. Jenn*），以及娛樂時間電視網（Showtime）的《網療庸醫》（*Web Therapy*）。所以，分手就像心理治療，能治好我們的腦袋。此外，也能治好我們的內心（和靈魂）。或許哪一天，我們也能在電視上看到更多涉及其他類型分手的節目。

為什麼分手這麼痛？

有著精神分析之父稱號的西格蒙德．佛洛伊德（Sigmund Freud），將痛苦視為生命中不可避免的一環。但就算知道這是事實，也無法減輕分手帶來的痛楚。雖然聽著尼爾．沙達卡（Neil Sedaka）的〈分手是如此困難〉（Breakin' Up Is Hard to Do）會讓自己沒有那麼孤單，但並不表示整個過程會比較好過。

這些痛苦其實是有科學根據的。二〇一〇年，阿姆斯特丹大學的研究團隊發表一項研究，探討一個人遭到社會排斥對心臟所造成的影響[5]。這項研究針對自律神經系統的功能進行實驗，發現副交感神經在處理社會排斥時，產生的反應不只明顯，而且還很大。研究人員測量心率變化，發現交感神經（身體選擇戰鬥或逃跑的系統，有時則是戰鬥－逃跑－僵化）需要好幾秒的時間，才能讓心跳加速。同時，副交感神經（身體選擇保護與維持的機制）會迅速產生反應，減慢心跳。他們做出一個假說，認為社會排斥和受傷的感覺除了會影響副交感神經以外，還會暫時降低心跳的速度。這就意味著經歷分手的過程真的會「傷心」。這項研究證實，遭遇社會排斥時正常心率會延遲許久後才能恢復。此外，不管是排斥人或受人排斥都會感到失落。

孤立與孤獨會促使壓力變大，讓我們更容易感到痛苦。特別是在和某人告別時，也必須與他人告別。那種感覺就像是失去一部分的自己或親人。把它比擬為失去一條腿，你一輩子都要依靠這條腿，但現在這一部分的你消失了，你需要學習獨立。若要再次感到安心、擁有健康的心態，我們需要相關的生理療法（以腿為例）或資源（以分手為例），但是缺少這些，就得花費更長的時間才能復元。

在科學以外的研究中，情感上的痛苦也不容小覷。某段關係不復存在，使得人們必須放下所有對於彼此未來的期待、渴望和計畫。分手就是失去夢想和計畫。你們不再一起過節，形容你這個人的特殊代號也要捨棄，或許還得脫離一起建立的機關或團體。無論如何，放棄那些你曾一度幻想的美夢與念頭，總是令人受傷。雖然欣然接受現況會對你有所幫助，但是這麼做卻也可能十分痛苦。

有時，分手就像是自討苦吃，你會因為分手而花費相當長的時間處罰自己。對於已經做出的行為，你可能會在事後感到自責，質疑自己的決定與選擇。這些舉動會對你的自尊造成難以置信的損害。如果你是提出分手的那一方，可能會氣自己為何待在這段關係裡這麼久；抑或懷疑自己的決定是否太過殘忍或衝動。

此外，還有依賴的問題。我們都依賴著別人。這種依賴與生俱來，不見得是不健康的。其實，與他人來往本來就會產生依賴，這是正常的。然而，當我們和某人分手後，就必須學會收回這份依賴。當人們與我們的生命產生層層交織時，我們必須想辦法小心地從他們的人生中抽離。有時，關係如果維持得特別久，要走出來就得花更多時間、做更多準備。你帶他們進入自己的私密世界，認識自己的親朋好友，然後有一天他們再也不復存在了。

雖然分手充滿痛苦，但是仍有美好的一面。這讓分手變得更加容易，也會讓你更好受。而且，你其實給了自己一份大禮，就是成長。你會做出這個決定是有理由的，而你也終於做出行動，讓自己向前走。不要回頭。改變本來就是天性，無須為此感到難過。事實上，你們或許都會同意，結束一切才是唯一的路。這樣一想，整個過程就變得美好了。

然而，要是這段過程持續得太久，你不想再繼續難過，隨時都可以去找心理治療師（別忘了，這件事已經不再是禁忌了）。著名的德國思想家弗里德里希．尼采（Friedrich Nietzsche）曾說過：「凡殺不死我的，必使我更強大。」就算我們沒有變得堅強，至少這件事教會我們，我們能夠撐過去。

「身為人類，我們都會為失去的人事物悲傷，無論失去的是好是壞。但是，『失去』或放開那些摧毀我們精力和消耗我們情感的人事物，我們就能夠將空出來的位置，用更加美好的經驗與關係加以填滿。我們這輩子只有一個任務：選擇。不僅是留在一段關係或中斷一段關係的選擇而已，選擇所代表的意義更為深層——選擇執著，或是放手。」

——雜念清理師，伊薇特．鮑林（Yvette Bowlin）

告別就是學習好好照顧自己

有時關係結束之後，又會重新開始。在很多戀愛以外的關係中（特別像是親人或摯友），我們常常可以言歸於好。我就曾經與最好的朋友及妹妹和解。曾經分開又再度和好，可以幫助我們改善雙方的關係。第四章會針對這個議題做深入探討；不過，請別擔心，即使是戀愛關係，半數以上的年輕情侶都會願意再給彼此一次機會[6]。

這是因為關係的基礎動搖以後，反而更容易找到需要修復的共通點。戀愛以外的關係比較容易修復，因為這些關係通常沒有性愛的羈絆（當然，朋友或同事之間也有可能發生關係）。少了性愛的羈絆，克服情感包袱就沒有這麼困難，更容易為彼此的關係展開新的一頁。

你或許不想要像扭曲姐妹合唱團（Twisted Sister）那樣大聲嘶吼，但是請跟著我一起說這句歌詞：「我們再也不想繼續承受。」不願繼續承受，就表示你已經下定決心改變自己的人生，把自己的需求放在第一位。拿出勇氣和生命中的這些人溝通，讓他們知道什麼地方沒問題，但又有什麼地方出了問題。這些都是告別過程中的一環。

即使你才剛開始思索是否要與某人告別，情況還是會愈來愈好，只是需要時間調適。假如你是剛被告別的一方，或許無法覺得好過，但是未來你會明白我沒說錯。告別就是關係徹底動搖，就像一場地震把一切都震垮，需要時間才能重建，但是最終你一定可以做到。你的基礎還在，雖然整個世界好像震碎成上百萬片。儘管無法馬上復原，可能需要花費數週、數個月，甚至數年，但是總會有那麼一天，或許就在你最沒有心理準備的時候，你會因為自己做了該做的事而感到好轉。你會變得更加堅強，因為你給了自己悲傷的權利。你會感謝自己選擇斷絕這段關係，就算當時可能會有更容易的選擇，你還是做到了。

在下一章中，我們將會深入了解告別。然而，無論你用何種方式經歷這段過程，絕對有辦法好好照顧自己。運動、吃冰淇淋（雖然之後可能會後悔，但是有時候人要活在當下）、列出讓你快樂的事物、旅行、按摩、哭泣、跳舞、埋首工作、出去走走，只要可以讓你不再麻痺、願意面對，就是照顧自己的好方法。

雖然談了這麼多告別帶來的悲傷與艱難感受，但是一旦能夠撐過去，就會知道告別其實也很美好。這樣一想，心裡就會健康一點。

被斷絕關係的那一方能怎麼做？

一、和你告別的那個人，其實可能很在乎你，說不定他們一直試著不那麼在乎。所以，與其無視他們也受了傷、把過錯全部推到他們身上，或是乞求他們原諒自己，不如退一步給彼此一些空間。

二、雖然選擇告別的不是你，但是你可以選擇如何面對告別。

三、為了找出這次告別對你造成什麼影響，寫下你的感覺、想法、希望與恐懼，這樣一來，你就能更清楚自己正在處理哪些感受。

四、抱持著同理心。你有沒有和別人提過告別？如果有的話，請試著回想提出告別一方的內心感受。

五、請接受一件事：你可能永遠找不到解答。

六、把這次告別視為自我成長的好機會。

第二章
當「我們」成為曾經

你可以哭泣、可以生氣、可以笑著回想共同經歷的美好時光，
你也可以讓對方知道你很在乎他們，
雖然從那一刻開始，你只能遠遠關心。
告別時若有任何感受，就好好去感受……

「雖然你不可能避免掉所有困難的情況，但你可以選擇適當的回應模式，盡量不讓自己受到干擾。」

——第十四世達賴喇嘛，《快樂：達賴喇嘛的人生智慧》（*The Art of Happiness*）

想結束一段關係，不表示你很糟，可是有時候關係的確結束得很糟。就算想方設法避免這一天的到來，但要永遠逃避不快樂的結局是不可能的。雖然如此，你還是可以試著讓結局變得快樂。

之前曾經說過，但是我要再重申一次：不管在放手前做了多少準備和計畫，世界上不可能會有一模一樣的告別。別人與摯友絕交的過程，絕對不會和你與摯友絕交的過程相同；某個家庭面對性別認同轉變的方式，也不會和你的家庭處理這種轉變的方式一樣。每個人都不同，因此某人面對告別的方式，不會和另一個人走過告別的方式一樣。告別就像雪花，每片雪花都有獨一無二的細微圖樣；不過，每片雪花也都是由雪所構成，就如同所有的告別都是結束一段關係的行為。

為了減弱決定終止關係所帶來的不愉快，降低可能的情感傷害，你可以做出以下幾件事。例如，如果與對方持續的牽扯會讓你質疑：「我剛剛真的結束這段關係了嗎？」那請務必在結束關係時，非常清楚地表明這一點。你可以說：「這是我們最後一次的談話了，我再也不想待在這段關係裡，講完這些之後，我們就不會再交談了。」若是想要避免大吵大鬧的狀況，可以事先寫信或傳簡訊，確定對方明瞭見面的條件後，再同意碰面。如果不想陷入爭吵的循環，彼此根本無法好好傾聽對方說話，導致最後愈談愈累，你應該要在最後這次的見面中，緊抓重點不放，同時設定時間限制。

雙方都要盡可能開誠布公地面對自己的感受。同一時間，用字遣詞也要經過思量。記住：「人與鼠就算計畫得再周詳，也會有出錯的時候[1]。」但是，也別忘了，沒有事先擬好的第一計畫，又何來備案？無論告別的過程是不是你所希望的那樣，都要帶著自信與善意提出告別。

告別不應該是突發狀況

突然提出告別，從來就不是一個好主意。例如，在激烈爭吵時，脫口說出結束關係，絕對不是體貼有效的結束方式；每次摯友提到你不想談的事情，就以絕交做為威脅，一樣很不恰當；用告別逼迫對方按照你想要的方式做事，也很不好。

在大多數的情況下，關係不可能一瞬間結束，雖然感覺好像就是如此。告別通常會花費許多時間，經過大量思考。就連那些看似「突發的」告別，通常也已經醞釀許久。

告別不該突然發生，有很多的好理由。因為突發的告別常常會讓你馬上重新回到關係中，也重新回到所有的問題裡。這是因為突發的告別沒有經過思索，而且如果被斷絕關係的那一方苦苦哀求、發誓改變，你很容易就會讓步。畢竟，回到原先的狀況中，總是比面對關係的新樣貌來得容易。

如果沒有想好退場方式，或是沒有支持自己的人事物在一旁待命，你很可能會陷入永遠沒完沒了的情節之中。這種「假告別」可能會讓你暫時覺得對方聽見你說的話，或是你完成一件重大的事。但是，對方終究會和你攤牌，他們又會故態復萌，你就必須再次提出告別，不然就是自食其果。

沒有考慮清楚就告別，通常很難覺得舒坦，也很難堅持立場，甚至可能會讓你變得像是壞人。提出告別後，你可能會質疑自己，因為你的大腦還無法完全理解剛剛發生了什麼事。身邊的人或許也會質疑你的舉動，而接二連三的質問很容易讓人抓狂，不管是對自己的質疑，還是來自於他人的疑問。

此外，如果朋友或事業夥伴並未預料到這件事即將發生，突然告別也會重創他們。他們可能會因為太過震驚、太過受傷，進而讓你的聲譽受損。他們可能會說你的壞話、責怪你的處理方式，或是埋怨你為何不用其他方式處理。除非你真的想要傷害對方，否則就應該在事前透露自己很不開心，這種處理事情的方式才算成熟。

雖然這麼說，但有時突發的告別卻是必要的。然而，那是因為你得「馬上」離開這段關係。也就是說，你處於極度迫切的狀況中，而這通常是因為對方有暴力傾向。不管是摯友持刀威脅要傷害你，或是同事用鐵鎚敲擊你的辦公室牆壁，只要傷害即將發生，就應該馬上結束關係。狀況若非如此極端，你就應該好好花費一點時間，找出告別的辦法。記住，是告別，而不是假告別，真復合。

人間蒸發一點也不帥氣

就如同突然提出放手一樣，你或許也認為神不知，鬼不覺地消失，會比較容易結束一段關係。不給對方一個解釋，就不再回電也避不見面，這種做法可能會讓人躍躍欲試。假裝某人從不存在，試圖忽略、無視於自己的處境，有時真的會簡單得多。就好像小時候只要遮住雙眼，心中暗自祈禱自己變成隱形人，或是煩擾自己的事物可以因為沒有看到就消失一樣。只可惜就算不去看，問題還是繼續在那裡等著你面對。用消失來處理告別，好像再簡單不過了，比起真正結束一段關係還來得容易，但事實卻不然。

的確，你可能不想要傷害曾經的摯友；或是不想要再因為希望與手足結束關係的念頭，沒來由地感到自責；又或許是不想要直接當面向老闆提出辭呈。無論理由為何，逃避似乎是最好的方式。可是，嚴格來說，沒有真的談告別就不算是告別。倘若只是讓自己消失在地球表面，並沒有辦法解決所有的問題。

要讓你相信「斬斷彼此連結比起默默消失來得好」，可能需要花費一點唇舌。畢竟，像風一般消逝，躲到安全的地方，似乎就已經分得一乾二淨，也可以避免分得亂七八糟、藕斷絲連。模仿魔術師大衛．考柏菲（David Copperfield）策劃讓自己消失無蹤，就不用像直接面對另一方那樣讓人心力交瘁。說再見的滋味糟透了，我也討厭道別，我喜歡說：「改天見。」但是有時候除了告別，我們沒有更好的說詞。

此外，雖然什麼都不說似乎比較容易，但是長遠來看卻並非如此。隨著時間流逝，你可能會自責愧疚，後悔當初這樣了結一切。甚至會希望再次聯繫，讓自己能有機會解釋，或者嘗試尋求復合的可能，給予彼此重新開始的機會。可是，如果你當初選擇消失，就已經失去任何可能了。因為你倉促地離去，對方很有可能會覺得你不值得獲得另一次機會，沒有資格再次回到他們的生命中，何況如果你只是想要解釋一番，然後再次離開，對方更不可能接受。

更別說人間蒸發已經讓你變成混蛋了。你以為這麼做是為了對方好，但其實根本不是這麼一回事。不和對方討論就結束一切，好像是一種體貼，但其實只是自己太膽小了。事實上，因為你拒絕和對方好好結束，對方反而被迫扛下你的重擔，直到他們走出痛苦為止。而他們可能永遠也走不出來，因為你始終沒有好好地結束這段關係。雖然說了這麼多，面對面談告別仍舊困難，但是不說再見的做法，會對你應該好好道別的那個人造成重大傷害。如果想要告別得有品，一定要親自結束一段關係。

真實案例：無預警的臉書封鎖

「我發現我的好友用臉書和我絕交。我們是現實生活中的親密好友，住在同一座城市裡，常常見面。某天，當我想要得知她的近況時，卻發現我們早就不是臉書的朋友了。連一通禮貌性的電話都沒有，就這樣退出這段關係。所以，我把她封鎖了。如果她連親自結束一切都不願意，我寧願她就消失在我的生命中。事情已經過了好幾年，我完全不知道她的近況。我仍然會想當初究竟是怎麼了，也很希望聽聽她的想法，但是現在我很開心她不在了。或許她根本不是我的朋友，畢竟是朋友的話，又怎麼會這麼做？」

分手的相關研究

聽見「分手」兩個字時，我們很容易聯想到一個人「不愛另一個人了」。因此，分手的相關研究大部分都聚焦在變質的戀愛關係。但是，這不表示其他類型的關係無法納入分手的研究；這個現象只是再次重申，人們必須更常談論其他類型的分手。

研究一：說再見的語言

美國伊利諾州立大學語言溝通學院的珊卓．梅茨（Sandra Metts）教授，在結束關係這個領域做了不少的研究[2]。其中一項研究，探討人們分手時所使用的語言。這項研究發現，大多數的人談分手時可以歸納為兩種方式。第一種方式就是告訴對方，自己的感覺已經變了，而所謂的「變了」，可能是指對另一方的感覺減少（「我不再像以前那麼喜歡你」）、可能是不喜歡也不討厭（「沒有那麼在意了」），也可能是變得厭惡（「我再也無法忍受你」）。

倘若討論的重點不在感受，而是行動時，則是屬於第二種方式。提出分手的一方希望做出行動，解除關係契約。所謂解除契約，也就是打破某些成規，實際上也就是希望結束彼此的關係。例如，假設你以前每週四晚上都會幫朋友照顧小孩，要結束關係時自然就不會願意再這麼做。

梅茨發現，一開始談分手，人們討論的內容往往行動多於感受。人們寧可說：「我週四晚上不能再幫你照顧小孩了。」也不太會說出這樣的話：「和你在一起，我覺得不快樂。」然而，第一句話並不像第二句話那樣，可以快速直接切入討論的核心。研究發現，如果真的想要確實傳達告別的訊息，就應該說出感受，而不是打算做出什麼行動。

說到放手，你會如何與對方溝通？你是談論生意的終止、細節的處理，還是會說出你對事業夥伴這個人與關係結束這件事的內心感受？如果和私人教練相處得不好，你會講述他們帶給你的負面影響，還是會說出你有多討厭週四早晨的例行練習？和兄嫂、小姑、弟媳或妯娌告別又是如何？你會和對方說她做了哪些令你不快的事，還是抒發你對她的感覺？

這些問題的答案從你選擇結束關係的方式，便可以看得出來。受傷的程度與癒合的程度，是交由每個人自己決定的。

研究二：對告別的依附情感

一九五〇年代，心理學家約翰・鮑比（John Bowlby）和瑪莉・安沃斯（Mary Ainsworth）發展依附理論（attachment theory），探討人類形成關係的各種模式。這項理論的預設是，人類在嬰幼兒階段必須完全依賴成年監護人的照顧時，會形成或無法形成對人的依附。

在這段關鍵的時期中，我們將會形成四種依附模式中的一種，並且就此固定。在你的成長過程中，如果有一位主要照顧者能滿足你絕大多數的需求，便有可能形成安全依附型（secure attachment）；倘若主要照顧者時而陪伴你，時而遠離你，則有可能形成兩種不安全依附模式的其中之一：焦慮抗拒型（anxious-resistant）或焦慮逃避型（anxious-avoidant）；如果照顧者總是不在你身邊，就有可能發展成混亂型（disorganized attachment）。嬰幼兒遭到忽略、虐待、漠視、拋棄或遭遇到其他創傷，便會導致混亂型依附。由於混亂型依附的人會在往後的人生中，缺乏任何形成依附的基礎，因此他們是最難形成依附關係的一種人。

近日，堪薩斯大學的兩位心理學家塔拉・柯林斯（Tara Collins）與歐姆瑞・吉拉斯（Omri

Gillath）著手進行一項調查，揭開依附型態會如何影響一個人處理告別的態度[3]。這項研究的目的，是要找出依附如何導致我們選擇告別的方式（根據這項研究，告別的方式共有七種）。他們想要知道，依附型態是否能夠降低暴力行為或憂鬱傾向等負面的「告別後」結果。

運用各種研究方法之後，柯林斯和吉拉斯發現，依附型態的確會影響談論告別時，主動提出告別者對於「接受告別者」一方的直接、關懷與掛心程度。依附型態也決定一個人是否會逃避面對面的告別方式，以及對於關係的結束是否會產生自責的感受。

他們發現，「提出告別者」愈傾向於安全依附型，結束一段關係時就愈有可能採取直接、面對面及同理的方式和態度。而他們也發現，這種直接與同理的方式可以減少告別後所產生的負面結果。

想想小時候你對主要照顧者的依附程度，而這種依附型態又如何影響你對待關係的方式。思考一下，無論你天生屬於哪一種依附型態，要如何才能以安全依附者的方式處理告別，擁有安全心態、表達真實想法，並且清楚明白告別的意義？談論告別時能否表達真正的感受，而不是憤怒、情緒化？若想做到這一點，就可以使用「我無法再繼續這段關係」或「我想要滿足自己的需求」等字句，對自己的理由、行為、感覺及遣詞用字負責任。只要可以面對面告別，就請這麼做，就算是對這段即將消逝的關係表達尊重也好。

告別的七個步驟

告別並沒有一個神奇的公式。結束一段關係，不需要遵守特定數量的步驟；只是「七」這個數字特別有意義。我喜歡找出每件事的意義，告別也是一樣。所以，我決定使用「七」這個經過深思熟慮的數字，希望你能確定，自己是真的願意結束一段關係。這些步驟目的是要幫助你準備好做出告別的舉動，讓你在事前好好照顧自己，以便處理任何可能發生的對話與互動。在告別的前、中、後三個階段裡，這七個步驟都將對你有所助益，讓你能有所準備，不會在提出時說不出話、勇氣盡失。

第一步：確定自己的心

在確定告別前，請先確定你已經清楚知道結束關係的原因，也明白對方從此消失在自己的生命中所代表的意義。確定自己做好準備、願意失去這段關係，這是非常重要的。如果不能下定決心真正結束這段關係，就等到自己準備好，不然就是想出另一種方式，繼續和對方一起生活。千萬不要說詞反覆，這對你或告別本身都不是好事。

如果沒有自信又尚未釐清自己的感覺就提出告別，真的會讓對方非常不快。他們無法確定自己的處境，可能會質疑你的意圖，或認為你只是一時瘋癲罷了。甚至他們可能會在你的話都還沒說出

「七」的意義

「七」在很多地方都有重要的意義。以宗教方面來說，創世需要七天；有些人會認為每週都是一個全新的開始，而一週也有七天；如果相信彩虹帶來好運，彩虹正好有七個顏色；在中國文化中，七是人際關係的幸運數字；在西方文化中，七也象徵好運；喜愛文學的人會發現，在《哈利波特》（*Harry Potter*）書系中，七是最有力量的魔法數字，而這個系列也有七本小說；此外，尼爾．蓋曼（Neil Gaiman）的《睡魔》（*Sandman*）書系也有七位「無盡」一族的生靈——命運、死亡、夢想、毀壞、絕望、慾望及譫妄，這些人物分別代表著宇宙間最強大的力量。

口時，就搶先與你結束關係，這種情況特別會發生在你反反覆覆太多次的時候。

如果還沒確認自己的心意，就有可能會說出一些言不由衷的氣話。我們常常對另一方說出一些傷人的話，好推開對方；或是故意踩對方的底線，這樣他們就會替我們做出「提出告別」這個困難的舉動。有時，我們也會刻意把對方拉進我們的思維裡。之所以會這麼做，其實都是因為我們還沒有真正確定自己是否可以承受告別，而且由別人來替我們結束一切也比較容易。

等著別人來結束這段關係，會讓我們覺得比較好受，但是這麼做的話，每一位當事人都會變得很累，因為一切都太過刻意了。此外，猶疑不定也對身心健康有害。這種不確定感可能會導致憂鬱、焦慮和偏執。猶豫不決容易使你胡言亂語，同時降低生活中其他事物的生產力。因此，若要結束一段關係，請先捫心自問：想到這個人再也無法出現在自己的生活，你會有什麼感覺？你真的很確定，自己無法或不想要把這段關係經營得更好？你真的願意再也不和對方說任何一句話？結束關係以後，你能找誰傾訴？

你得清楚了解，結束這段關係將會失去什麼，誠實告訴自己會面臨什麼風險。如果無法清楚知道失去這段關係代表什麼意義，就無法做好處理這段告別的準備。沒錯，對於可能失去的東西，你永遠也不可能充分準備。可是，若是大概知道在自己的生命裡即將消失的事物（無論是好是壞），一定能比較容易復元。

確定好自己的心之後，也才能夠讓對方自由。

第二步：想清楚細節

仔細想想，結束這段關係必須包含哪些細節。列出一份清單，寫下在告別時想要提到的所有事物。可以思考的事情包括：見面的地點？開場白是什麼？你願意花多久時間聽對方說完話？接下來要做些什麼？如何結束對話？

至於要怎麼決定好這些細項，我建議最好是保持簡短貼心的原則，不過還是要視關係的性質而定。時間限制在六十分鐘內，除非這段關係包含太多的枝微末節，必須全盤處理才能解決時就另當別論了。事前務必清楚設定開始與結束的時間、約好見面，以及你要離開的確切時間。就算對方遲到，也要按照原先說好的時間離開。

在能保有些許隱私的公共場合見面，像是有桌椅可以坐下的咖啡廳，或是擺放很多長椅的公園都很適合。開始告別的話題時，要提出重點，提及必須帶到的所有事情後，才可以結束對話。例如，如果是要與手足斷絕關係，但是你們彼此都要負責照顧雙親，要由誰來處理相關事務？或者若是與朋友絕交，可能就需要討論一下，在什麼樣的情況下，與共同的朋友聚會時彼此可以共處一室？當天，可能無法得到所有想要知道的答案，但是也沒有關係，你還是可以列出所有想談的內容。

好好探討你對這段關係所重視的一切，並且學著接受這些事物都將不復存在。同時，想想過去待在這段關係時，你希望獲得什麼。你是真的希望事業有成？你不想要讓你的牧師不高興？希望在朋友面前表現出最好的一面？知道答案後，找出方法來取代這些即將失去的東西。時時提醒自己：你可以撐下去，一切都會沒事的。

也不要去想你的人生少了這個人、這份工作、這個團體之後，會有多麼不同；你該好好思考的是，不同之處究竟為何。你會因此失去安穩的經濟來源嗎？人生中沒有這個人，就再也無法知道下一次哪裡會有好玩的派對嗎？隔週的週日再也不能到阿姨家吃晚餐了？一旦轉換職涯跑道，再也不可能成為最高法院的大法官，而你真的要放棄這件事嗎？想想一直以來支持你走下去的確切原因，思考清楚這段關係在此時讓你痛苦萬分的理由。

確實明白告別的細節和影響，在結束關係時便能讓對方清楚了解自己的想法，你也更有可能熬過告別。

第三步：別責怪任何一方

你在一開始提出告別前，就必須先知道自己在結束關係時所扮演的角色。要對自己扮演的角色負起責任，但是不要把事情全都怪罪在自己的頭上（除非你真的做錯什麼），或是對方身上。我們常常會責怪某一方，不是對方，就是自己，因為我們難以坦然接受自己的決定。我們希望改寫事實，這樣內心便能舒坦一些、決定似乎也會更合理一點，於是一定要責怪某一方。有時候，我們想方設法，希望一切都不曾發生。可是，逝者已矣，來者可追。

我們應該停止去想各種「假如」，把注意力放在往後的日子。接受自己，因為人並非完人，而對方也不可能完美無缺。

發生的事情都已經發生了，這段關係應該改變了。所以，就讓一切好好劃下句點，如同你讓即將往生的家人好好離開一樣。不要美化整個狀況，也不要試圖改變。因為當一切結束時，就是結束了。

第四步：你一定可以！

即將重獲新生的你應該感到興奮，把告別想像成職棒世界大賽（World Series）的最後一戰、九局下半滿壘，而你在最後關頭逆轉勝的情況。清空舊有的一切、帶進嶄新的事物，堅強自信地踏出下一步，並且對未來充滿興奮之情。為自己的堅毅和決心感到興奮，同時帶著這份興奮脫離這段關係。帶著這份興奮，放棄曾經擁有的一切。向對方說出真心話，但同時也給對方說出真心話的機會。結束對話之後，試著讓自己心繫著即將譜寫的全新未來，並且感到激動不已。

之後，你有的是時間緬懷失去的人事物；此刻不如為那些生命中將會出現的人們和事物歡欣鼓舞。列出你想要完成的事情，自己創業？參加集體心理治療？戶外露營？找新的冥想靜坐活動？就算你決定什麼也不做，只是默默接受自己失去一個親人、朋友、事業夥伴、工作或性別認同，你也可以試著去想，因為決定向前邁進，自己從中獲得獨立、自信和力量。

第五步：別困住自己

我在這裡所指的是生理和情感方面。心理學家麥可・托馬塞羅（Michael Tomasello）在著作《我們為何相互合作》（*Why We Cooperate*）中提到，人類在出生十四個月後就培養出一種認知，相信幫助他人會對生存有好處[4]。倘若真是如此，我們一出生就認定挽救關係會比脫離關係來得有利，便很容易落入永不放手的圈套之中。可是，有時我們必須要放棄一個人才能拯救自己。

告別之後，必須設立清楚的界線。關係輔導專家瑪希亞・巴青斯基（Marcia Baczynski）曾說過：「你願意付出多少，對方就願意得到多少。如果雙方的關係原先就很親密，更是如此。我們互相訓練彼此親密的限度，因此重設界線就是在告訴另一方，他們不能再像從前那樣來找我們，或是一起出去了[5]。」

也就是說，你必須拒絕那些可能會把你困在關係中的事物。對方要求再給一次機會，你可以拒絕；對方希望見面，但是你覺得時機不對，你可以拒絕；對方想要私下見面，你可以拒絕。設立界線並且堅守，不僅可以給你自由，也能避免自己被困住，為了不傷害對方而妥協。

設立界線可以保護自己免於傷害，但是為了以防萬一，也要記下一個真正的離場策略。因此，要審慎選擇提出告別的地點。當然，除非你是選擇約在拉布雷亞瀝青坑（La Brea Tar Pits，譯注：位於美國洛杉磯的一處天然瀝青坑，若不小心陷下去將難以脫身），否則沒有哪一個地方會真的把你困得動彈不得，可是仍然有些場所會讓你難以離去。所以，找一個出入方便的公共場所或是開放的戶外地點，比較不會讓你感到受困。

第六步：誠實面對內心感受

不管是在計畫分手或正在談分手，都沒有必要裝出一副心如止水的模樣。對現況感到沮喪、鬆了一口氣或消沉，都沒有關係。不必因為自己選擇結束一切，就掩飾自己傷心、滿意、心碎、緊張的心情。其實，愈能真實表達內心感受，分手當下或之後所帶來的影響就會愈真實。

然而，如果釋放情緒會讓對方很容易掌控你，就要盡你所能地壓抑情感。感到沮喪，並且讓對方知道你也十分受傷是沒有關係的，只要這樣不會影響你的決定或是分手的結果。

你可以哭泣、可以生氣、可以笑著回想共同經歷的美好時光，你也可以讓對方知道你很在乎他們，雖然從那一刻開始，你只能遠遠關心。告別時若有任何感受，就好好去感受。

第七步：尋找一句真言

你可能會覺得這種「真言」只適用於禱告或冥想時複誦，但其實不然。或者你會認為，想要熬過告別，不必藉著反覆唸某句話來達成，可是這個方法真的有用。所謂真言，就是可以表達自我信仰和感受的一個詞彙、一個片語或一句口號，必須時時複誦。

在我的人生中，曾用過許多句真言幫助我度過告別的時刻。二〇〇九年，我決定告別紐約這座全世界我最喜歡的城市，前往西岸的洛杉磯。這段關係是我有生以來維持最久的，而我即將結束。我在紐約居住十四年，要離開這座城市就像是離開我的摯愛一樣。這座城市帶給我太多美好的回憶，伴我走過二、三十歲的青春年華。我就要離開這裡，到另一個不熟悉的地方。那個地方沒有冬天，只有許多陽光與表面和善的人們。對我來說，這是十分劇烈的文化衝擊。我還記得自己在一家藥妝店崩潰，因為那家店實在太大了，我好想念有著狹小空間和窄道的商店。

我的諷刺與挖苦、我對黑色皮靴的喜愛，以及四處走走的渴望都無法得到滿足。除此之外，我還要獨自面對這一切。抵達洛杉磯時，我沒有工作，我也不是為了某段關係才搬來洛杉磯。雖然在西岸有一些朋友，但是有很多親密好友都在東岸。大多數的家人也都住在紐約、紐澤西州及康乃狄克州，只有少數幾個不再和家族往來的親戚例外。我根本沒有理由要去那裡，但我還是去了。

我很害怕。每當我的內心開始恐懼時，就會複誦一句真言。這句真言出自著名的怪胎導遊提摩西・李維契（Timothy "Speed" Levitch）之口，小名「快嘴」的他，在著作《快嘴遊紐約》（*Speedology*）中寫道：「恐懼就是癱瘓的喜悅。」每次當我害怕接下來要做的事情時，就會說出這句真言，讓自己更堅強，對接下來的行動感到更加興奮。這句話給了我很大的安慰，它使我相信恐懼的另一面必定會有一些美好的事物。

這句真言使我聯想到雲霄飛車。雲霄飛車愈來愈靠近第一個驟然往下衝的地點時，總會讓我既期待又害怕，胃裡好像打了好幾個結。但是，一旦開始向下俯衝，我就可以暢快呼吸，甚至開懷大笑，覺得充滿刺激。這句真言幫我熬過向下俯衝的階段，提醒我先前有哪些令我害怕的事，會一直阻止我尋找讓我快樂的事物。這種快樂就像查爾斯・舒茲（Charles Schultz）畫出史努比把頭抬高、雙腳快步跳舞所營造的那種感覺。

給人力量的真言所在多有，只要找到適合自己的那一句就好了。想想你最喜歡的書籍或電影名句，或是你最喜愛的歌詞。〔像我最近需要提振士氣時，就常常會想起天命真女合唱團（Destiny's Child）的〈我活了下來〉（I'm a Survivor）。〕瑪雅．安傑盧（Maya Angelou）有一首激勵人心的詩〈永不擊敗〉（Still I Rise）就很好；也可以摘錄某位運動領袖的演講詞中，你最喜歡的一句。例如，馬丁．路德．金恩（Martin Luther King）博士在一九六三年八月所發表的演說〈我有一個夢〉（I Have a Dream）就是很棒的啟發來源。瑜伽或冥想練習時所使用的真言也很不錯。不然的話，就自己創造一個吧！

寫下你對告別的感覺，以及告別之後可能出現的情緒。接著，用自己的話幫你熬過告別。你也可以試著想想這段關係給你的感受，好比生氣、難過、孤獨、渺小，然後找到一句真言，駁斥這些感受。找到真言後，就可以寫在這裡，每次一有需要，就能翻到這一頁，大聲念出來——

現在，是不是讓你覺得更堅強了呢？

小步前進，也是前進

無論怎麼告別、和誰告別，每個人都必須體認「我們」這個詞彙將不再存在。「我們」是一個團體、「我們」是好朋友、「我們」做為某個身分，都將不復存在。我們都得承認，曾經有過的某個夢想已死。告別就是葬禮，將之埋葬以後，我們可以選擇如何記住這段關係。傷心多久？曾經的過往是否值得我們驕傲、慶祝？是否會回想關係結束前，還有什麼未盡之事？

從告別的傷痛慢慢復元的過程中，會有許多坑洞和陷阱，試圖將你絆倒。告別後，你可能心情很差；可能馬上就會覺得自己做錯決定；可能希望抹去最後一次對話，帶走傷痛。但是，在你傳簡訊、打電話或是回到才剛離開的地方之前，請先深吸一口氣，不要衝動。當初之所以會計畫告別，一定有其原因。給自己一些時間，細細體會一切。

你可能會開始不由自主地修改既定的事實。你或許會想，都是自己以前沒有看見兄嫂、小姑、弟媳或妯娌的用心；你會覺得朋友之所以會一直希望你陪伴，不過就只是因為她喜歡待在你的身邊；你會覺得自己好像奪走對方一件很重要的東西——就是用更多時間來修復彼此的關係。

或者你會誇大自己的感覺。你會認為失去這個人、這份工作、這個身分，讓你生活中的每件大小事都受到影響。雖然一段關係的終結的確會大幅影響生活，但是我們很容易在當下膨脹這段關係的重要程度。我們必須記住，這段關係與這次告別並不是世界上唯一存在的事物。

在這種情況下，你可以想辦法讓自己保持忙碌。你是否找過支持團體？加入另一個教會？到健身房運動？上課？離開熟悉的環境去度假？

你可以找誰傾訴？去找其他朋友、你的伴侶、心理治療師，或是加入一個運動計畫，幫你度過難關；拿起日記，把想法寫成文字；將注意力轉移到學校、工作或新團體上。總之，要有地方可去或有人可找。

告別後會有什麼樣的感受，都沒有對錯之分。只有你能決定，進行哪一種類型的活動可以讓你繼續前進。在這個過程中，你可能會遇到波折，甚或更大的阻礙。但是，只要能熬過告別，就會找到一股新的力量和成就感。

每一刻不過就是時間上的一點，不需要看得太重。這只是當下的現況，並非永遠如此。告別隔天的感受，不見得是未來數週、數個月和數年之後的感受。你會出現這種感受，只有當下而已。生命中的一切都會改變。

休息一下，別再一直回想

你並不是與生俱來就有未卜先知的能力，所以不可能準確預測告別後，你會變成什麼樣子。你可能會思考，究竟要花多久時間才能完全避不見面，或是彼此如果又見了面，應該如何面對。你或許會很好奇，旁人對你堅決和父親斷絕關係都說了些什麼。你說不定還會想，辭去高薪的工作，自行創業，究竟是不是正確的決定；或是未來到底能不能找到新信仰的歸屬團體。

你所能做的，就是別再去想這些人事物了；事實上，如果可以完全不再去想告別這件事會更好。也許你可以為自己設定一段時間，比方說三個月，暫時不再想著這段關係，不再去想各種假如，以及將來會發生什麼事，等到時間一過，再看看自己會變得如何。

我用說的好像很容易。然而，我雖然看不見你腦海中的想法，但是我有自己的腦袋。我的大腦會做的事情、會有的念頭，很多都是在你的大腦中也可能會做、會有的。每當我開始想些再也不希望想起的事時，我就會在腦海中思考別的事。例如，當我開始想著某段友情的結束時，我就會換一個想法，去想目前擁有的那些好友。當你又想起某個已逝的夢想，不如轉念想想未來會創造的那些新夢想。回想某句真言，或是播放你最喜愛的歌曲，跳起單人舞。看一場電影，或是聆聽你最喜歡的播客。更重要的是，相信自己是在對的時間做出對的決定。往後還有很多時間可以找出下一步該往哪裡走，所以現在先別急著找到全部的答案。

被斷絕關係的那一方能怎麼做？

一、記住：告別對於結束關係的那一方來說也是很難熬的。

二、一段關係的失敗，並不影響你這個人的價值。

三、去找支持團體，不要害怕求救。

四、過往的情緒會不斷浮現，所以最好找人傾訴，像是心理治療師或輔導師。

五、讓傷口慢慢癒合。

六、不要為了麻痺被拒絕的感受或罪惡感，而養成不好的習慣。

七、並非全然是你的錯；不過，還是要回頭看看過去發生的一切，檢視自己在事件中的角色是否無傷大雅。

第三章

面對

變質的關係

拒絕他人非常困難，

但是想想拒絕的好處——壓力減少、機會變多、成長發展及自我照顧，

就會知道學習使用「不」這個看似微不足道，但實際上卻寓意深遠的字是值得的。

我們必須懂得拒絕，才有機會對好的人事物點頭招手……

關係變差時，可能會讓人有些不愉快，甚至造成嚴重傷害。關係惡劣的程度有很多種，有些可能只是純粹變得乏味，有些則會令人沮喪低落，在最嚴重的狀態下，甚至會變得具有「毒性」。這些功能不全的關係，無法提供我們任何好處。

這些關係了無生氣，因為不管在哪一方面，真的完全沒有活力可言。你覺得就要崩潰時，無法依靠這個人；當你需要有人聽你說話時，也無法向這個人傾吐。對方無法提供任何見解或行動，可是你仍然覺得有義務要忍受這段關係。這些關係雖然未必會影響正常的生活運作，但卻可能惡化，而且毫無存在的必要。這些關係讓你無法前進，尋找更有幫助的關係。你可能沒有好好想過，要解決這個問題是有方法的，就是和這些人告別。

另一方面，有些關係是必須結束的，因為這些關係確實對你造成傷害。它們讓你痛苦，擾亂你的氣場。這些關係一般被稱為「毒性關係」，可能導致情感耗竭，甚至出現暴力傾向。

說到「毒性」這個詞彙，你會想到什麼？一堆臭氣沖天的垃圾？電影《毒魔復仇》（*The Toxic Avenger*）、《七寶奇謀》（*The Goonies*）裡的畸形兒斯洛石（Sloth），還是其他電影裡會出現的怪物？或是真正的毒藥？不管你的腦海中浮現什麼畫面，可能都是不好的影像。

一段健康的關係，包含互重、愛慕、關懷、責任，以及公開、誠實、直接的溝通方式。毒性關係剛開始或許具有這些特質，但是到最後卻演變成絕望深淵和負面情緒，還有缺乏溝通、喪失尊重、說人閒話等各種醜陋的怪物。

一旦演變成毒性關係，就有可能會毀了你的人生。你會難以克制地想著，這段關係究竟出了什麼問題，自己又有什麼毛病，才會陷入這種關係之中。你可能什麼事也做不了，對自己的信念產生懷疑。隨著自我懷疑的感覺不斷上升，自我價值也會墜入黑暗的深淵。你可能會什麼也不想管，好讓自己彌補失去的一切。毒性關係非常糟糕，對我們確實造成危害，也可能是最難以脫身的關係。

錯誤的依存類型：共依存與反依存

回顧一下你生命中曾經完成的事情、最棒的時刻及最大的成就，可能都有某些人在你的身邊。總是會有人和你一起分享喜悅、悲傷、成功，或是失敗，甚至還會覺得，若是獨自一人，你不可能完成那些事情、度過那些時刻。我們依賴「陌生人的善意」和最親近的人協助我們，才能成就自己、認真生活。我們必須承認：因為有了朋友提供的些許幫助，我們才能繼續下去。

然而，如果關係是建立在共依存（codependency）或反依存（counter-dependency）這兩種類型上，就有可能快速變質，因為這兩種依賴類型在關係中的依賴程度並不平等。

共依存是用來形容關係中維持平衡的力量，明顯掌握在其中一人手上[1]，這種關係會使得另外一方無法展現真正自我。這個名詞最初是指其中一方具有酗酒習慣的關係，但是在其他類型的關係中也可能會發生，不管對方酗酒與否。

反依存則是青少年經常會出現的舉動：也就是只想成為和父母完全相反的人。反依存是一種「我不需要任何人」的心態。在某些關係中，如果感到極度孤單，不希望得到任何人的幫助，就會發生反依存的狀況。反依存者的特徵包括：自己永遠都是對的，或是會遠離所有的人，好讓自己覺得沒有錯[2]。表面上看來，反依存似乎是想要爭取獨立的表現，但事實上只是害怕受傷或被拒絕。

當依賴達到平衡時，則稱為相互依存（interdependency）。相互依存就是互相依靠彼此，好讓彼此繼續前進，卻又不會太過依賴[3]。這是在所有關係的類型裡，最健康的依存型態。

學會說「不」的藝術

「不」是一個簡短但卻極有力量的字。在關係中，「不」是一個很重要的字，需要時時練習；此外，結束關係的時候，這個字更是不可或缺，必須知道如何使用。雖然如此，這個字並不容易說出口，因為我們從小到大都被灌輸，「不」是只有在做錯事才會用到的負面詞語。

要收回長久以來對於說「不」的認知，是很困難的。你可能會因為愧疚，或是因為內心不想拒絕他人，因此同意某件事。你或許會認為，不要急著拒絕，然後逃之夭夭，因為事情仍有好轉的可能。可是，說「不」其實並不是要「逃跑」，而是要讓自己保有力量，堅定立場。

拒絕他人非常困難，但是想想拒絕的好處——壓力減少、機會變多、成長發展及自我照顧，就會知道學習使用「不」這個看似微不足道，但實際上卻寓意深遠的字是值得的。我們必須懂得拒絕，才有機會對好的人事物點頭招手。雖然聽起來有些自相矛盾，但「不」這個字其實是通往更多可能的大門！

> 「我之所以總是堅決說不，部分原因是因為這個字創造了更多空間，可以容納我真正願意接受的事物。如果不能老實說不，你就會被迫點頭。」
>
> ——巴青斯基，www.askingforwhatyouwant.com

明明想說「不」，但是卻答應了，會讓你覺得自己被迫做了一件不想做的事。這種感覺很差。例如，你或許會答應發送活動傳單，支持你的教會，但是你其實早就不再認同教會所做的一切。所以，雖然你為你的信仰做了一件好事，但卻是在推廣一個你不見得相信的觀念。或許你是因為受到壓力，只好順應潮流，或是從小就被教導要當一個親切友善的人。然而，如果在關係中不願拒絕，就無法滿足自己的需求。

你可以在真正使用這個字前，多多練習拒絕。事實上，你可以在日常生活中使用，找出一些其實你沒有那麼喜愛，但卻一直在容忍的事物。巴青斯基說過：「有時其實不用真的說不，只要解決那些讓你心煩的事物就好，例如一個吱吱作響的抽屜。說不，只是為了重視自己的舒適感、身心健康與喜悅。」

要說「不」也有其他的方式，像是「現在不能」或「我不想要」等。你可以直接說，自己在當下真的就是無法做到某件事；若是想要增加同理心，可以用「我很抱歉」做為開頭。此外，說「不」之後並沒有必要解釋。但是，如果想要解釋拒絕的原因，則要小心謹慎地說，因為解釋會給予對方一些理由來改變你的決定。然而，不論說了什麼，都要堅定而一致。

一旦學會說「不」，你就會發現這個字可以讓人從痛苦中解脫，不是嗎？

毒性關係的特質

有很多不好的人際關係是難以清楚歸類的，但是若要定義毒性關係，就可以定義為「一段涉及兩人或兩人以上，對彼此有害且失衡的關係」。毒性關係與一般的失衡關係或無法正常運作的關係並不同，因為毒性關係會對處於關係之中的人造成生理或心理的傷害。毒性關係會帶出極端的負面情緒，不過毒性關係和純粹的失衡關係都會出現負面行為，而且負面行為都會在這些關係中持續出現，成為常態。這些行為包括忌妒、羞辱、貶低及吼叫等，具有控制、支配、自戀與不安全感的特質，會導致心理上，甚至是生理上的傷害。在這些關係裡，對於雙方應該扮演的角色通常會產生不對等的期望。例如，其中一方不斷付出，而另一方只是接受。

毒性關係會對我們造成許多不同的影響。這些關係可能會影響我們的心靈，讓我們一再質問自己的行為和人格，因為我們的直覺告訴我們的，與我們的理智想要傳達的想法，是截然不同的兩件事（提示：永遠聽從你的直覺）。當對方說我們瘋了、錯了，或是我們根本無法自己生活，我們的自信就會受到影響。因為這段關係帶給我們無比的壓力，一些明顯可見的「毒性」徵狀就會浮現，像是發燒生病或情緒低落。我們有可能好幾天都不想下床，因為這段關係影響我們的思考能力、工作與個人生活。我們也會開始厭惡自己，因為我們一直沒有誠實面對自我，認為自己總在犧牲個人價值和信念。

毒性關係的徵兆

如果想要知道毒性關係具有哪些樣貌，可以看看下面這些例子：

- 你的事業夥伴總是貶低你所投入的努力，還說你的想法「一無是處」。
- 你的朋友很忌妒你，於是到處說你八卦，企圖毀壞你的聲譽。

- 一段總是讓你感覺很糟的關係。
- 你的親人不停說謊或用盡心機，讓你和親朋好友疏離。
- 你的朋友或親人大肆批評你，說：「你一點長進也沒有，你的人生不可能成就任何事。」
- 與你的親人相處，讓你無法成為或表現真正的自己。
- 你的朋友非得是對的不可，而你不管說什麼都是錯的。
- 你的精力全數投入某段關係之中，讓你精疲力盡。

真實案例：需索無度的友情，甚至讓你自我懷疑

「待在一段毒性關係裡，讓我放棄許多形塑自我的重要部分，或是被迫將它放在次要地位。此外，我也因此忽略其他重要的友情，就只是因為對方容易忌妒，並且需求太多。這些東西控制了我，對我需索無度，而最糟的是我真的開始懷疑自己，認為一切都是我的錯。」

——艾林

不健康的關係類型

一段關係即使不是毒性關係，仍有可能是一段不好的關係。只要這段關係讓我們不開心，就可能需要好好改造一番。這些令人無法快樂的關係可能會有很多種，好比說一個無法讓我們與時俱進、自我成長的事業就是一例；或是我們做出一個成熟的決定，但是父母因為無法認同，所以處罰我們；抑或是我們難以認同所屬宗教團體的信條。如果你想要改變，但是這段關係卻不允許你這麼做，繼續待下去，只會徒增痛苦。

即使上述這些例子和你所處的不快樂關係並不相符，但是只要對方讓你懷疑自己是否瘋了；讓你寧可閉上嘴巴，也不願意溝通；讓你覺得糟糕透頂；當眾使你難堪、對你有所隱瞞、不讓你做自己，就要當心危險逼近！

一段關係至少會由兩個人共同形成，因此即使不認為自己是為關係帶來毒性的那一方，還是必須負起部分的責任。彼此之間必定存在某種互動，導致關係崩解。每段不健康的關係嚴重性不一，表現的程度也會不同。其實在讀到這一段文字時，你可能已經發現，就連目前這一段不健康的關係可能也有毒素摻雜其中。這些負面的互動如果只是偶爾發生，並不需要擔心，可是一旦演變成持續不間斷的輪迴，就要適時斬斷。

如果你的叔伯、摯友、健身教練或是任何一個人，出現在以下這些關係之中，就得好好思考是否要做出改變了。

只有自己，沒有我們的關係

倘若一段關係只有自我，缺少我們的觀念，就表示這一段關係包含過多自戀成分，欠缺合作的元素。利用者（也就是吸乾關係中所有能量的那一方）使得這段關係只著重於他們的需求、問題及解決方法。

這種單方面的關係很容易產生。回想一下，你是否曾被迫或「被拐」去做一件讓你不開心的事？可能是在大考前夕被迫泡在酒吧，或是每次想要與摯友見面，都得和她的男友一起出去。被一份工作錄取，但是老闆卻指派其他不是工作內容一部分的任務給你，這時也有可能發生這種關係。甚至，你再也不想要看見鏡中有著女性樣貌的自己，但是你的家人卻不願認同你的男性身分，這時候也會出現這種關係。

這種關係會對其中一方提出極高的要求。你的父母可能希望你隨時都有空，好像把你當成全年無休的商店；對方可能會期望你為了自己，立刻放棄手邊的一切。你或許會覺得自己無力改變現狀，但是你其實有權利掌控自己的人生。

如果想從這種關係中解脫，你就要把關係的結束歸因於他們的需求，告訴對方你無法滿足這些需求。

我曾經有一位朋友，只要她把你視為「好朋友」，就會期待你隨時放下一切來陪伴她，不管原因為何。如果她需要我的時候，我做不到，我就會覺得自己做錯了。不用說，這段關係令人身心俱疲，並且製造許多焦慮。

最終，我結束了這段關係。我告訴她，我無法成為她希望我變成的那種人，而且我也不想要再讓她失望了（把關係的結束歸因於她的需求）。雖然這讓她很生氣，畢竟一直以來她都相信我是那樣的朋友，但後來我們還是再次取得聯繫。不過，我當初還是必須放手，這樣一來，她才不會再依賴我，靠我填補她生命中的空虛。我不知道她到底有沒有找到她想找的那種人，但是我希望她能學到，無論她想找的是什麼，那都不是一種互相的關係。我找回了自己，並且因此能和其他具備「我們」的關係分享自我。

爭執不休的關係

這種關係充滿爭吵，彼此之間不管發生什麼事都無法平靜面對。在戀愛以外的關係中，雙方無法上一次床，好讓彼此舒服一點。吵架可小可大，你們可能會爭執有史以來最棒的電影是哪一部（當然是《公主新娘》（*The Princess Bride*）），或是針對你父親的臨終照護問題而大吵一番。在這種關係裡，只有一件事情是雙方一致同意的：就是永遠不同意對方。

如果每次說出自己的感受，對方都會讓你覺得難過，或許是該終止這段不理智關係的時候了。

這種關係可能會發生在一群朋友之間，當某些人相處不融洽時，《辣妹過招》（*Mean Girls*）這部電影描述的就是這種團體；家人之間如果一直處於爭執狀態，就算沒有遇到婚喪喜慶這類人生大事，也容易被挑起情緒，那麼問題就嚴重了；若不慎選事業夥伴，也有可能導致這種關係；每次遇到隔壁鄰居就會開始吵寵物的事也算。

如果想從這種關係中解脫，你就要清楚聲明，自己再也不想在氣憤的情緒中溝通。

無論對方是鄰居、親人或同事，要和一個總是反對自己的人割捨，有時並沒有那麼簡單。但是，如果你的生命中出現老是讓你氣得牙癢癢的人，還是把這段關係收拾一下比較好。

你可以寫一封信邀請對方共同思考對策，一起努力改變互動的模式；或是試著想出一些共同遵守的「規則」，好讓彼此相處融洽。你們也可以達成協定，每次生氣時都要暫時遠離對方。等過了二十四小時，雙方好好思考過後，再次見面，從比較不那麼生氣與難過的角度討論事情。

貶低人格的關係

這類關係因為充滿負面言論，所以非常容易讓人沮喪低潮。通常，其中一方對另一方或任何事情都會大肆批評。在職場上，這可能是上司與下屬的關係，老闆賦予你某些權力，卻又駁斥你的決策；家人之間也有可能會出現這種關係，例如，你規劃好家庭聚會，但是你的姊妹卻和你說，換成是她的話，她能做得更好。不管雙方之間的關係是哪一種（工作、家庭或其他），當你所做的決定從來不被認為是好的決定時，就是貶低人格的關係。

和一個總是認為自己做得不夠好的人相處，是一件令人抓狂的事。他們可能會當著其他人的面前讓你難堪，或是習慣在兩個人獨處時羞辱你。他們或許老是批評你的行為，對你想做的事深表懷疑。當你做出一些再合理不過的事時，他們卻要你提出正當理由。在他們面前，你覺得自己好像一直被評分、幾乎快要窒息，而且不斷遭受批評。你其實不需要他們的評論，就可以成為更棒的人，但他們還是依然故我。如果他們讓你覺得自己做什麼都是錯的，你就應該試著解決這個問題。

如果想從這種關係中解脫，仁慈或許就是殺死負面思想的武器。因此，即使對方說沒有他們，你不可能過活，你仍要保持樂觀、堅持向前。

在生活中常常會遇到這種充滿負面情緒的人，他可能在你所屬的團體中，甚至就連你每天上班前會光臨的咖啡館服務生也有可能是這種人。也可能是你的好友不讓你做任何對自己有益的事，或是你的父母覺得他們更清楚什麼是對你最好的。總之，如果有人一天到晚讓你覺得挫敗，就算只是用開玩笑的方式，還是得改變這種情形。

面對這些情況，你應該先找到一句可以支持自己的真言，再和對方提出告別。先與相信你有能力處理事情的人談談，讓你對自己有信心，相信自己可以做出改變。為了幫助對抗那些負面情緒，你也可以試著寫下生命中正面積極的事。

充滿愧疚的關係

這種關係常出現於主要照顧者與子女之間。充滿愧疚的關係和溝通不良無關，反倒是雙方的溝通經常隱晦不明；也就是對方向你提出要求，同時暗示你若是做不到的話，就會對他們的人生產生負面影響。他們利用彼此緊密的連結，讓你覺得自己有義務迎合對方的需求。

如果想從這種關係中解脫，你就要離開讓這種不健康關係成形的一方。這種關係利用你的愧疚感或責任感來控制你的行為，因此唯有完全切斷關係，才能夠再次找回自我。

經歷這種關係的割捨時，心理治療很有用。心理治療可以讓你聊聊自己的處境，也能提供一些有用的工具幫助你前進，同時不會因為自己渴望切斷那些無謂的「責任」，而感覺充滿罪惡感。

不被傾聽的關係

在這種關係中，對方無法聽進你說的一切，因為他們太想要自己被聽見了。當你想要解釋他們如何傷害你時，他們只會用自己的想法解讀成另外一種意思。然後，他們會把改造過的想法丟回給你，變得好像你才是傷害他們的人。當你訴說自己的感受時，他們總是會過度反應，或是乾脆逃避現況，迴避你的說法。在這種關係裡，你會發現常常在為了自己的感受道歉，或是要反過來安撫另一方。最後，你把對方照顧好，卻沒有照顧到自己。

如果想從這種關係中解脫，你就要讓自己確實被聽見。請對方複誦一次自己剛剛說過的話，自

己也要試著重述對方的話語，這樣一來，才能確定雙方在解讀時並未產生誤解。

這種狀況常出現於與父母、手足或其他長期溝通不良的關係之中。例如，事業經營失敗，事業夥伴卻不認為自己有問題；或是在團體裡，如果想做出違反常規的事，像是發表與團體「理念」背道而馳的觀點、表達自己對某位成員的不滿，其他人或許會認為需要改變的是你，而非他們的觀念或是任何一位成員。

捉摸不定的關係

在這種關係裡，言語和行動常不算數。你無法信賴對方，因為他們讓自己變得不可靠。由於對方難以預測，你對自己在關係中的地位時常感到不安。你會質疑自己是否哪裡做錯，或是認為自己當初應該換個方式。這種關係也是那種會讓你懷疑自我的關係，雖然你很確定這種情況是錯的。

如果想從這種關係中解脫，你就要敞開心胸，聽聽對方所說的。即使你不相信他們，也要讓他們覺得自己被聽見。說不定真的是哪裡出了問題，也或許是你真的做了什麼傷害他們的事。如果他們的說法合理，你們就該一起想辦法改善溝通的方式；如果他們的說法比較像是想要控制和操縱你，你可能就要和對方斷得一乾二淨。好好維護自己的權益，不然至少也要停止各執一詞的情形，試著在互相尊重的情況下斷絕關係。

例如，你和摯友約好共進午餐，但是她最後一刻才反悔，而且沒有給你一個好理由。此外，這已經不是她第一次這樣臨時毀約了。或是你的母親答應每週六都要幫你照顧小孩，但是每次一到週六，卻怎麼也找不到她。如果你並沒有深陷在這段關係中，或許可以輕易轉身離開。但是，如果你已經認識對方很多年，過去深深依賴著對方，你就得表達自己的想法，不讓同樣的事再次發生，或是只好結束這段關係。

雖然這種情況不見得是關係失衡的徵兆，但卻仍令人很不開心。這種捉摸不定的行為通常不會一開始就出現，而是多發生於彼此建立信任之後。不論如何，這種行為很容易會讓你一直去想，對方的「信用」究竟出了什麼問題。捉摸不定的行為不只糟糕，也讓關係中的彼此擁有糟糕的生活。

衡量自己的不快樂程度

上述這些關係可能都不是你現在面對的關係，或是你的關係可能同時符合以上多種類型。重點在於，只要這段關係讓你覺得自己好像在喝毒藥，十分痛苦卻又無法自拔，你就很有可能正處在一段毒性關係中。就算全世界都和你一起演戲，仍然改變不了這是毒性關係的事實。所以，別再盲目地聽從別人了，要做出改變。

改變一段關係最好的辦法，就是先從自己開始改變。改變自己的處理方式，轉換成自己想要的方法。重新塑造自己的思考模式，他人或許也會跟著轉變，但是也有可能不會。如果對方不願跟進，你就能看清問題為什麼會持續惡化，也可以更明確地定義這段關係的結束。

倘若對方板起臉孔、哭鬧、生氣、拚命地傳簡訊、故意失蹤、對別人說你的壞話等，而你無法拒絕對方，只能乖乖屈服，你就要重新思考自己在關係中扮演的角色。如果你無法接受這段關係進行的方式，就不要接受，選擇放手。

如果你覺得這段關係不公平，說不定這就是事實。

結束一段「不好」的關係為什麼「好」

不好的關係不能幫助你成長，雖然過去這段關係可能幫你度過許多難關，但是現在已經不再如此。可是，不健康或沒活力的關係還是很有可能滿足你的某些需求。每一段關係都會有好處，因此在提出斷絕聯繫之前，你得清楚知道自己從這一段關係中獲得什麼，列出你留在這段關係裡的原因。例如，你的上司就像你的父母一樣地罵你，但是你卻覺得這樣讓你異常開心；或是和摯友的小孩一起出門，減輕了你覺得沒有完成父母想要抱孫子願望的罪惡感；或許你所隸屬的宗教團體讓你每個週日早上都有事可做，你也喜歡有地方去的感覺。一旦找出在關係中獲得的事物，就能找出方法取代那樣「特別」的事物。

你或許也能找到辦法，用同理心對待使你陷入毒性關係的那一方。這並不是要你讓步，接受他們的不安全感，只是你會發現毒性往往來自另一方覺得自己不值得被愛，或是覺得沒有任何人能陪在他們身邊的感受。自戀、負面、喜好批評、掌控他人、專制及容易感覺失落，這些當然都是問題的一部分，但是對方往往有更大的問題需要解決。

割捨或提及結束可能迫使雙方解決問題，或是試著接受關係中的問題。向毒性關係妥協、選擇接受，並非等同於喪失所有希望；然而，如果沒有先完全斷得一乾二淨，要脫離不好的循環是很困難的。如果希望復合，最好是先脫離這段糟糕的關係，停止繼續糾纏、火上加油，才能獲得對方的尊重，重拾自己的力量。如果不先離開，帶有毒性的那一方就會覺得自己可以永遠這樣做。

分開後，先休息一個月，甚至三個月的時間，再去思考是否需要重新和好。如果選擇和好，第一次見面時可以稍微記下自己的需求，讓關係向前進。列出一些為了繼續維持關係，雙方所需要達到的目標，如此一來，便有助於修復先前的問題。如果暫時分開或清楚列出需求都沒用，但是你又不想要說再見，通常就要限制相處的時間了。

限制相處時間可能也不是一個完美的解決辦法。改變或結束關係是一件很困難的事，但是卻能讓自己想清楚。尋求協助、讓自己被正面的事情圍繞，就能放下那些曾經使你原地踏步的負面力量。在關係結束前，很有可能充滿爭吵，可以的話，請以愛與溫柔面對這些爭執。

最終，只有你自己和另一方知道關係結束的原因。所以，你無須昭告天下有一段毒性關係。如果覺得自己在關係中像是奴隸，學著當自己生命的主宰，成為你自己的「反毒大使」。

被斷絕關係的那一方能怎麼做？

一、一段不健康的關係是由兩個人以上共同形成的，因此你雖然得負起斷絕關係的部分責任，但對方也很清楚自己不是完全沒有責任。

二、試著好好傾聽這段關係難以維繫的原因，這樣一來，你便能找出解決辦法，知道要如何維持其他的關係。

三、千萬不要抗拒告別，如此一來，才能真正改變這段關係。

四、反覆思考自己行為模式背後的原因，是不是這些行為在某種程度上讓你覺得安逸滿足？

五、感謝這段關係讓你學習到許多事；對另一方說聲感謝，因為他們如此勇敢又尊重你。

六、你也會好起來的。

第四章
是句號，還是休止符？

你所選擇結束關係的方式，將會決定這段關係未來的成功機會。

因此，如果你真的不確定這是休息還是分開，就面對面地結束這段關係，並且在溝通結束前說些好話。

這樣一來，未來就有最大的成功機會，能讓關係發展成你所希望的樣子……

「一段關係就像一塊玻璃。有時候，就讓它維持破碎的模樣，會比試圖重新拼湊但卻傷害自己來得好。」

——佚名

光說「分手」兩個字，就有可能會讓人非常不安。畢竟，一段關係的固定模式會令人感到安心且熟悉。生命中能夠有一條被子在身邊總是好的，即使只是一塊破爛的碎布。況且，要結束一段曾經帶給你安慰、讓你開心的關係，是多麼地充滿壓迫、如此複雜又令人難以接受。

要接受隨著告別這個行為而來的概念，需要做好十足的心理準備；告別就是終結一件可能再也無法擁有，或是你再也不想要擁有的事物。然而，走到告別或暫停關係這一步時，最好已經把難過的情緒宣洩完畢，並且列出一張簡易的清單，寫下促使關係終止或暫停的因素，衡量你能忍受與願意失去的東西。或許你為自己設立一段恢復關係的時間（對方是否知情都沒有關係），但是事情似乎並未好轉；或許你很確定這段關係尚未結束，只是你需要離開一下子，才能再回到關係中，以體諒與寬容的心情和對方相處。

有時，暫停關係可以讓我們看得更清楚，因此也就比較容易找出這段關係的界線，而不需要經歷分開這種極端的行為。對於那些需要釐清彼此界線的人來說，休息一下有助於改善破裂的關係。

是永遠的不見，或暫時的再見？

分開和休息最明顯的不同，就在於時間的長短。倘若決定分開，關係的結束將會是無限長。你不打算再與對方說話，無論是兩週後或兩年後亦然。即使真的非常希望妥協和好，一旦分開就不會有遲早再度「重逢」的期待。你開始整理出一套少了對方的生活方式。例如，若是離開一家公司，你就會開始思考事業的第二春；若是脫離一個團體，你或許會想要獨自一個人生活一陣子，或是尋找比較合得來的另外一個團體；若是與好友絕交，可能就會把社群網站上的合照通通刪除，並且將在一起的回憶全部打包。若是分開，你不會設定彼此分開的期限，假設時間到了就能重修舊好。甚至根本不可能會有這種假設，因為一旦去設想這種可能性，就會影響分開的絕對與純粹。若是分開，你會因為關係的終結而悲傷，但那是為了繼續前進。

另一方面，刻意暫停關係則會設立一個期限，讓彼此改變。雙方會同意，在不遠的將來彼此有機會和好，關係又能一如往昔。若是休息的話，你不見得會像分開那樣打算脫離關係，繼續前進。若是休息的話，你們分離的時間是有期限的，雙方會約定一個時間，互相討論在過去和未來的關係狀態。

休息的原因有很多種。你可能會因為生活中同時發生太多事情，所以當下無法與對方好好相處，或是處理關係面臨的狀況。你很想要與對方一起維持這段關係，但是此時此刻你要把時間投注在其他事物。倘若他們太過依賴，讓你無法處理需要處理的事，可能就要暫停這段關係。

有時，暫停關係是重新找回關係新鮮感的唯一辦法。暫停關係可以提醒自己其實你有多麼喜歡對方，讓自己明瞭原來自己已經好久沒有仔細欣賞對方了。例如，你很喜歡上健身房的課程，但是這個課程開始變得無聊，因為每週都要上健身房變成例行公事。所以，你先暫時不去上這位教練的課，直到例行公事再度變得新鮮後再回去上課。

或是你真的不想要分開，但又無法脫離關係的常態，所以選擇暫停關係。也許你和好友過去兩年來一直在爭論她男友的事；或是你和你的母親都知道彼此很愛對方，但是你實在需要一些空間，遠離一再的嘮叨。你選擇休息一陣子，這樣才能與這段關係保持一些距離，等到重回關係時，就會有更強大的自我感受。

有時，分開會變成休息，而休息會變成分開。無論你是想要分開還是休息，都很難預料關係究竟會徹底結束或是重新開始，即使用盡全力，也有可能會事與願違。

曾經的離別，可能讓你找到維繫關係的更佳方式

就算你很想要維持分開的狀態，分開有時候也有可能因為某些你無法掌控的因素，而變成暫時性的休息。有些關係會因為死亡、結婚或其他重大的生命事件而再度恢復。例如，我和摯友曾因為一個男孩而絕交，之後我一直想找方法與她重修舊好。後來，是因為她養的貓因為充血性心臟衰竭過世，我們最後才又言歸於好。

在我的一生中，曾經和幾個朋友及兩位「摯友」絕交，我們後來幾乎都再次聯絡上了。事實上，關於那兩位摯友，我現在和其中一位相處時總是關係緊繃，所以我們的關係有了更明確的定義；至於另外一位則是偶有聯絡。在第二個例子中，我們甚至絕交十年，才又在畢業十年後的高中同學會重新取得聯繫。前者比較像是在休息，而後者肯定是分開了。

分開的三個「重新」

決定重新修重修舊好之前，請先確定你已經好好思考以下的三個「重新」。

重新評估：再次思考你們之間的關係，這是否真的是你想重新投入的事物？

重新衡量：衡量這段關係的利弊。哪些部分行得通？哪些部分則行不通？解開這個結，值得嗎？

重新交往：你們能一起找到折衷的相處之道嗎？

不管是休息或分開，當初的我都不曉得結局會是什麼。其實，這兩段關係在當時都很像是分開。那段後來變成暫時休息的關係，是這樣發展的：

愛兒是我的前室友兼好姊妹。她之所以會結束我們的關係，因為我們為了一個男孩而產生一些誤會；這個男孩也就是我後來的前男友。有一次，我和那個男孩共度一夜（那是一個非常糟糕的經驗），之後我才發現原來愛兒也喜歡他。但是，當時愛兒正和另一個男孩在一起。總之，事情很快就演變成很糟的局面。

在我還來不及搞清楚狀況前，愛兒就寫了一封信與我絕交。她寄給我一封電子郵件，要和我結束關係，她在信中把我寫得就像是極為差勁的傢伙，連我看了之後也有這種感覺。我無法和她說上一句話，不是因為我沒有嘗試過，而是她根本不想理我。於是，我只好退回自己的瘋狂世界，過了整整九個月的混亂生活。

這段關係結束時，我完全不知道要怎麼面對再也不是朋友的事實。我們擁有許多共同的好友，所以不可能永遠不見面。此外，在這些混亂的事件中，我們原本就已經預訂假期出遊的行程。因為這次出遊還有另一位朋友也要同行，再加上我們兩人都很固執，所以決定還是要按照原定計畫去度假。我們三人勉強完成行前安排，最後也一起共度假期。那一次的熱帶島嶼之行，真是我這輩子最難放鬆的假期。度假結束後，我們就再也沒有說過話。若有共同的朋友舉辦活動，愛兒只要知道我會去，她就不出席。

我很希望愛兒能和我找一個時間談談，重修舊好。我問身邊的朋友該怎麼辦，他們總是要我給她空間。所以，我給了她空間。某天，愛兒的五歲愛貓突然因為充血性心臟衰竭而意外過世。我想打電話給她，表達我的悼念之情，但是我們共同的朋友勸我不要這麼做。我很想聽他們的勸告、尊重她的空間，但是我也想知道她過得好不好。於是，我就傳簡訊給愛兒，詢問能否打電話給她。她回覆說好。原來，在過了這麼久後，她其實很開心能聽見我的聲音。打了幾通電話後，我們開始聊到當初結束這段關係的原因。聊開之後，我們的關係終於好轉，並且能以全新的方式尊重彼此的友情。

因為曾經暫停關係，我們才有機會談論彼此的問題和想法。我們很努力地想要恢復這段關係，所以能有更多的同理心傾聽對方說話。我們聊到許多事情，像是她對我有多麼殘酷，而她又覺得我對她做了什麼不可原諒的事。我們說好，若是同樣的行為又出現在我們的關係之中，一定要告訴對方。暫停關係的那段期間，讓我們形成自己的一套相處模式，學會互相告知內心的想法，達到關係平衡。這套模式至今仍然幫助我們解決關係中的瓶頸與阻礙，我們現在已經能好好交談、誠實以對，需要時也能出來聊天。因為我們知道對方不在身邊的感受，所以也會有意識地選擇維繫這段關係。

絕對的分開，或是暫時的沉澱？

「只要分開，就是分開了。我屬於那種壯士斷腕、破釜沉舟的人。」

「我從來沒有暫停一段關係，然後再度恢復。對我來說，一段關係是在什麼時候要變成另外一種關係，一直都是很清楚的。告別不見得是關係終止，而是代表關係變得不同而已。不過，有些分開的確很清楚就是道別了。對了，只有一次是暫時性的休息——當時，對方難以理解一段關係所代表的概念，所以我就為彼此保留一些空間與一段沉澱的時間，讓兩個人完全自由，之後再重修舊好。」

「如果必須走到分開的地步，不如就別試著修復。」

「這要看你對關係的界線夠不夠清楚。我覺得很多人需要休息一下，是因為這樣一來，他們才可以體會對方不在身邊的感覺，然後才能夠重新回到關係中，設立彼此都合意的界線。當然，這也要兩個人願意重新展開關係才算數。我覺得休息是為了設立關係中的新界線。」

重新評估關係，甚至醞釀原諒的可能

倘若你真的不想結束這一切，但又需要一個重新開始的機會，暫時休息一下會是一個不錯的選擇。如果你很確定自己希望這個人永遠留在生命中（或至少是留在生命中的某個層面），暫停關係絕對有效；如果你不確定的話，暫停關係或許也能幫你確定。

暫停關係並不適用於每一段關係，但是在某些情況下確實有用。此外，由於關係已經壞到谷底，你反而可以花時間慢慢等待，看看這段關係還有沒有機會可以再次達到顛峰。

然而，如果你很確定你的目標就是分開，最好就不要考慮任何讓步的可能。不過，即使分開最終變成只是短暫的休息，休息和分開都是很好的機會，讓你可以重新評估一段關係的相處方式，決定關係是否能夠重新開始，而未來又會變成什麼樣子。

事實上，我曾進行一次訪問好友的不科學調查。他們之中大部分的人都同意，若是戀愛關係的話，一旦分手就是永遠分了；然而，若是戀愛以外的關係，分開之後雙方往往會發現自己其實只是需要休息一陣子。或許這是因為這種關係並不涉及性愛，當一段關係沒有出現性行為時，似乎就有更多原諒的可能。

暫停關係之所以會有效，是因為我們有機會重新評估這段關係。休息一下，這樣我們才有時間重新衡量實際從關係中得到的事物，以及希望從關係中得到的東西，看看兩者是否存在落差；休息，讓我們可以重新調整自己的價值觀，於是便能確定雙方是否真有辦法彼此妥協。

分開倘若變成休息，就意味著兩人都發現找辦法修復關係會比喪失這段關係來得更好；也就是你們刻意地決定要給這段關係第二次機會。因為雙方都想要第二次的機會，所以彼此都會願意在這段關係中投入時間。因此，兩人就不會太過理性或太過感性。

暫停關係也有助於設立清楚的界線，讓關係能夠繼續前進。如此一來，往後便可以更容易經營這段關係。如果打算重新恢復關係的榮景，將分開轉變成休息，便能更清楚地了解這段關係。

就把休息想成是放春假，許多年輕人喜歡利用春假好好「狂歡」解放，然後再回去上學、上班或重新回到其他的工作崗位。在關係中放「春假」，可以讓你有時間去整理這段關係。分開一段時間，這樣回來的時候就能夠重新恢復活力。

在告別時說些好話

正面積極地說好話是指在傳遞一些相當壞的消息後，用樂觀的話語做為結束。美國伊利諾州立大學的研究人員梅茨、威廉·庫帕可（William R. Cupach）及李察·貝優維茨（Richard A. Bejlovec）發現，在關係結束時若能說些好話，雙方比較有可能再度和好[1]。祝對方好運或是告訴他們你將永遠把他們銘記在心，這些都是告別後說好話的例子。或是可能告訴他們，你衷心希望他們能找到真正的幸福與內心的平靜。

在他們的「我太愛你，所以無法以朋友的身分再度喜歡你」（I love you too much to ever start liking you）研究中，分析結束戀愛關係的各種方式，結果發現若在結束關係時說好話，日後較有可能重新好好相處。

他們研究人們使用的一些分手技巧，包括人間蒸發、說一些正面積極的好話、刻意製造分手藉口，以及直接與對方溝通，結果發現對方在分手時表現得愈和善，就會進行得愈順利。此外，如果原本就是朋友，說好話也會直接影響雙方未來的關係，也就是兩人較有可能再度變成朋友。

研究團隊也分析兩人談分手的溝通方式。雙方是面對面互動，還是不願正面互動（保持距離）？他們發現，分手技巧和溝通類型都是重要因素，決定曾經是情侶的兩人日後會發展出什麼關係。

後果呢？對於提出分手的一方而言，談分手非常困難，但是對被分手的一方來說，談分手是好的。不可諱言地，面對面主動提出分手的一方，必定會承受對方可能產生的憤怒與責怪，這些情緒也有可能延長分手的過程，但是這種溝通方式卻表示你對被分手的一方具有高度尊重。保持距離，逃避互動是非常自私的做法，只顧及其中一方想要自由的需求，並且因此貶低另外一方。

最後，面對面談分手也被認為是用正面積極的態度處理的一種策略，並且最能讓人下定決心。這種策略不僅讓被分手的一方有發言權，更能展現提出分手的一方是真心在意的。

你選擇結束關係的方式，將會決定這段關係未來的成功機會。因此，如果你真的不確定這是休息還是分開，就面對面地結束這段關係，並且在溝通結束前說些好話。這樣一來，未來就有最大的成功機會，能讓關係發展成你所希望的樣子。

衡量分開與復合的利弊

分開就像發生車禍。剛開始，你還不知道發生什麼事，在你尚未從這團混亂中釐清頭緒前，你得先離開現場。只有在從驚嚇中恢復以後，才有辦法看看車輛損壞的程度，知道值不值得花錢修理。

在等待損傷結果確立以前，你會開始思考這一切之所以發生的原因，例如：是誰的錯、如何避免，還有如何讓自己更安全等。思考過後，或許可以找到重修舊好的理由，也可能找到繼續維持分開的正當原因。分開是自我評估的好時機，即使你不是主動提出分開的一方，花一點時間了解分開背後的原因，也有助於全面認識這段關係，以及自己在關係中的模樣。分開也能讓你檢視自己在結束關係時，所扮演的角色。你可能不喜歡自己當下的行為或反應，也可能看見自己醜陋的一面，於是便能試著改正。

若是你正在考慮回到某段關係，請先衡量分開和休息所帶來的好處與壞處。

請看以下分析：

好處：你會產生新的看法。
壞處：但是想要修復過去，或許為時已晚。

好處：休息是重新找回自我的好時機。
壞處：找回自我固然很好，但是要踏入一個全新的世界，不再需要他人或其他事物的幫助，也有可能會傷害個人成長與發展。從分開的狀態時抽離務必小心謹慎，別把自己從這個世界中整個抽離。

好處：暫時停止一段關係，兩個人都可以成長，自己也能獲得成長。
壞處：彼此可能因此疏遠。

好處：這段關係不會再像之前那樣，它會變得更好，你也會覺得更真實。

壞處：有一些人就是死性不改，雖然這個概念可能很難理解。發現自己無力改變這段關係，也會令人難以接受。

好處：如果生命中無法缺少對方，而且雙方也願意和好如初，就表示這段關係之所以不可或缺，一定有非常重要的理由。

壞處：希望和好如初，可能只是因為對方很想念你為他們所做的一切，他們願意言歸於好的唯一條件，或許就是繼續利用你來滿足他們的需求；也就是彼此都有共依存的問題。

現在，換你列出自己的清單。分開和休息有哪些好處與壞處呢？

過渡時期的應對

不管最後是否重修舊好，你都必須在過渡時期找方法與對方相處。例如，在處理某些事務時，像是照顧身體愈來愈差的母親時，你是否仍然會和手足聯繫？還是你打算只在母親過世時才和她說話？如果你和你的前事業夥伴仍有帳務需要處理，你們是會一起處理，還是只會交由其中一方來負責？倘若你的好友將在你的前教會接受一份殊榮，你會去參加典禮嗎？還是你會選擇在自己的家中為她舉辦私人慶祝儀式？

在關係懸而未決時，你會怎麼處理社群網站的部分？你會把對方從臉書刪除，還是取消追蹤？假如你打算使出封鎖他們的大絕招，你是否會事先告訴他們？

不管做出什麼決定，在告別之前都應該想一想這些問題，尤其當你的感情狀態顯示為「待確認」或「一言難盡」時，更是需要好好思考這些事情。我的臉書好友麥可告訴過我：「我曾經暫時把妹妹新增到受限制的對象名單（因為她張貼一些沒有顧及他人感受的貼文），而沒有告訴她為什麼。她非常不高興，所以就把我從好友名單中刪除了，這讓我很難過。所以，一定要告訴對方原因。」

另外，要是碰巧遇見怎麼辦？你會完全忽視對方，假裝從來沒有任何瓜葛？還是你會微笑點頭，然後繼續走你的路？

有時候，關係會因為短暫的休息過後再度恢復；有時候卻不會。無論如何，這都是進步與成長的好機會。這個機會讓你可以變得更好，也讓你有機會改善其他的關係。此外，休息也有助於找出對你而言真正重要的事物。

被斷絕關係的那一方能怎麼做？

希望這只是短暫休息，而不是斷絕關係？

一、撤退：告別以後，不要傳簡訊、打電話或傳訊息給對方，讓他們去吧！

二、享受分開的時間：利用這段時間好好整理一下思緒，看看自己在關係中所扮演的角色，並且仔細評估你是不是真的想要重新回到這段關係中。

三、不要乞求：乞求只會引起同情。你並不是要找一個同情你的人，你需要的是找到一個方式來成為對方生命中的一部分。

四、關心自己：就像對方花費許多時間關心自己的需求一樣，現在你能看透這段關係的種種，就好好關心自己生命中的需求。

五、考慮轉變：告別前可能已有許多徵兆或跡象顯示這段關係正在走下坡。想想看，為了維持這段關係，你需要做出什麼改變？而你願不願意做出那些改變？

六、不要當受氣包：如果對方要求限制你的行為或個性，才願意和你重修舊好，你就沒有必要重返這段關係。雖然改掉自己的壞習慣很重要，但是也不該放棄自我。

第五章 再也不是摯友

友情走到盡頭，這種事情常常發生。
這是人生的一部分，也是成長的必經之路。
對一段曾經十分珍視的友情，
結束就和重新開始一樣，選擇對的方式是很重要的……

「友誼就像玻璃飾品，一旦破了，就很難再湊回原先的模樣。」

——查爾斯．金斯萊（Charles Kingsley）

與某人建立友誼時，你不會去想這段友情會不會有結束的一天，當然也不會認為結束時場面會很難看。友情通常是以互蒙其利為開始的：在友情中，你能和另一個人非常親密、一起耍笨、坦誠相對、甜蜜相處、大發脾氣、爭吵，並且在對方的面前可以絲毫不顧形象，建立深厚情誼；同時，也不需要發展複雜的性愛關係。友情可以讓我們練習愛，卻又不用戀愛，也讓我們學會成長與放手。友情時常產生變化，或是悄悄消失不見，有時也會突然終止、刻意結束。

對於那些隨著時間而自然消失的友誼，我們通常不會想太多。我們都能接受，彼此只是改變了、長大了、成家立業，或是搬到別的城市了。我們會把注意力放在新生活與新工作上，而且因為我們的興趣不再相同，我們也會開始結交氣味相投的新朋友。我們對於那些漸漸變淡的友誼比較容易釋懷。

可能很難理解的是，我們在友情中其實也有選擇權。雖然難以理解，但這卻是千真萬確的。我們可以選擇維持一段友情，也能選擇離開。我們有權結束一段友情，而且做出這個決定能讓我們擁有更多自主的空間。太過沉浸在關係中，以致關係開始陷入困境，這種情況並不是只會發生在戀人身上。當我們在關係中覺得自己被利用、遭到貶低或感到乏味時，一定會有脫身的辦法。明確做出結束關係的選擇，可能表示你的人生態度發生變化，代表你能掌控自己的人生。

誰對誰做了什麼事並不重要；重要的是，如果到了必須結束的地步，這段友情通常已經很糟了。友情維持得愈久，絕交時就愈有可能展現出誇張的勇氣或怒氣。不過，人生苦短，別為了一段友情而失落難過。

好友與損友

好的友情就像刷牙、運動、多吃蔬菜一樣，是健康長壽的重要關鍵。真正的好友應該值得信賴、誠實、需要時會在你的身邊、懂得傾聽，並且不會在背後說你的八卦。研究證實，我們的生活中確實需要存在這些類型的人。整體來說，社交網站有愈多互動的人就會愈長壽，對於那些曾經歷創傷事件，包括癌症或心臟病發的人來說更是如此[1]。強大的社會支持也有助於降低血壓、促進腦部健康、延緩老化所帶來的生理退化，並且提升我們處理壓力的能力[2]。

並不令人意外的是，壞的友情恰恰相反，會讓我們消耗精力、情感遭受打擊，甚至於吃得更多[3]。

負面的社交互動也會影響健康的其他層面。加州大學洛杉磯分校的醫學院曾在二〇一一年做過一項研究，發現負面的人際互動會增加發炎性蛋白質的數量，而這種蛋白質與癌症、憂鬱、心臟疾病和高血壓都有關聯[4]。

這不表示和朋友吵一、兩次架，就會要了你的小命，也不表示你應該立即停止一切的溝通與互動。不過，這些研究確實表明你要避免過度的爭執。

此外，負面的友情還會造成情感方面的傷害。這類關係會減損我們的自尊、讓我們覺得自己沒有價值。可能會出現一些極端的情緒，像是盛怒和憂鬱，還有損友也會讓我們懷疑自己的擇友能力，彷彿我們不知道怎麼讓好的人出現在生活中。

更讓人茫然困惑的情況是，這段友誼曾經幫助我們變得更好，如今卻讓我們想逃。我們不知道一切是從何時開始變得不同，即使知道，也難以理解曾經如此親近的這個人，為什麼現在卻感覺這麼遙不可及。

雖然知道這些關係必須結束，但是要和曾經的好友絕交，仍然令人覺得備感壓力。這種壓迫感可能只是短暫的，也可能持續很久。當然，兩人出現在彼此的生命中愈久，你就會想要花費愈長的時間挽救這段友誼。年紀漸長，能夠擁有一個認識一輩子、看著我們走過各種人生起伏的朋友，真的是既珍貴又稀有。我們那麼看重彼此的情誼，要結束它甚至會比結束一段戀情還要痛苦。我們可能會想：要是連友情都維繫不了，又怎麼可能讓其他的關係持久？這些負面的想法不只會對我們造成傷害，也有可能徹底毀滅我們。

這些心痛與難受讓我們了解到友情的價值。有時，一段友情的價值已經高到不能再高；而當我們發現友情貶低我們的自我價值感時，就是必須做出改變的時候了。

真實案例：不再是重心，但仍是生命中的一部分

「希雅是我的高中摯友。別人常常問我們是不是姊妹，而我們的確也像手足一樣會一起欺負她的弟弟。我對她的愛就像家人一般，或許還更多。我的空閒時間絕大部分都是和她在一起。可是，上了大學之後一切都改變了。

有一次，我們在電話中大吵一架，起因是她的前男友和我去看《辛普森家庭》（*The Simpsons*）的事。在那之後，我們就再也沒有說話了。我們其實並沒有正式絕交，雖然我記得她當時好像有說再也不想和我當朋友之類的話。選擇放手，對她來說似乎是比較容易的做法。大概也是我活該，畢竟我在高中的時候，對很多朋友都很不好。

我把這件事當成是一場雙方都選擇不和解的爭吵。後來她和其他的高中同學變得比較要好，而我也繼續走我的路。我們兩個還是很友好，幾乎就像好友一般，可是那次『非正式』

的絕交已經改變了這段關係。二十二年前結束我們的友情後，希雅和我說話的次數，我用兩隻手都能算得出來。有時候還是很希望什麼事情都不曾發生。但是，至少我們還存在於彼此的生命中，儘管不再是彼此的重心，只是偶爾會傳簡訊，並且說著應該找時間聊天。不過，結束一段這麼長久的友誼，這已經是勉強可以接受的安慰獎了。

但是，這次的割捨還是對我造成很大的傷害。我還記得，幾年後我在一次大學活動上看見她，她把我介紹給她的新任摯友時說：『這是婕咪，我高中的摯友；這位是雪莉，我大學的摯友。哇！過去和現在的摯友站在一起呢！』我覺得自己好像變成一件物品，而不是一個人，我還記得自己當時有多難受。

因為我非常重視我們的友情，所以她的那一番話又讓我的心情再次跌入谷底。希雅已經向前走了，這個事實狠狠在我臉上揮了一拳。我在她的生命裡，已經不再像過去那樣具有一定的地位。我在這段關係中所珍視的一切，我們的專屬說話方式、我們的對話、我們想要保護對方的那種欲望，都已不再。結束這段友情對我造成重創，但是我明白我們做出正確的決定。

很多事情並非總是毫無商量的餘地，結束一段友情也不表示我們就要忘記當初與這個人做朋友的感受與回憶。其實，我還是很喜歡回想希雅和我曾有過的一切，我也不會想要改變我們在高中所經歷的任何一件事。她的友誼已經變成我生命中的一部分，激勵我去認識其他朋友、享受其他關係，就像我和她曾經有過的那部分一樣。」

——婕咪

真實案例：不稱職，就放手

「剛剛搬到我現在居住的城市時，我在新生入學典禮認識一個女生。原來她和我是同鄉，她上的高中剛好是我們學校的競爭對手。我小時侯並不認識她，但是我們恰巧有幾個共同的朋友。我還記得剛認識她時，我在想著：『她不是變成我的好友，就是她是瘋子，或者兩者都是。』結果，最後那個選項（是好友也是瘋子）成真了，但是後來她的『瘋狂』實在令我難以招架。我試圖慢慢脫離這段友情，但卻毫無用處。我的朋友都一直勸我離開她，但是我覺得充滿罪惡感。而且我有點擔心要是我真的和她『分開』，會引發像電影《致命的吸引力》（*Fatal Attraction*）中，男主角的外遇對象殺了他女兒所養的兔子，並且烹煮的瘋狂行徑。最後，我終於在認識她一年半後，和她『分開』了。她當時又做了一個很糟的人生決定，所以我就拿這件事當作藉口，告訴她我無法接受她的這個決定，同時我也對於無法當一個更稱職的朋友感到很抱歉。」

——凱蒂

與情人分手，為何會比與朋友絕交還容易？

結束一段友情有時會比結束一段戀情還要讓人受傷。不管對方是你從國小一年級就認識的好友，或是去年在萬聖節派對上結識的女孩，友情有時可以改變一個人的生命。但是，就算你們曾經配戴友情對鍊，宣誓要永遠當好朋友，也不代表事情真的能盡如人意。

許多支持團體和流行歌曲都是與情侶之間的分手有關，如果上網搜尋分手，結果似乎也都與愛情脫不了關係。我們常常聽到「男女朋友來來去去，只有摯友永恆不變」之類的說法。聽起來很中肯，但有時候根本就是胡說八道，只會令人徒增焦慮。

當我們在戀情裡一再嘗試，還是無法繼續維持時，要結束這段關係並不困難；可是，在友情中，我們總以為只要忽略某些部分，或是暗自希望那些部分會自動消失，如此一來，便能修復這段關係，但是現實往往沒有那麼簡單。

事實上，結束戀情或許可以讓我們覺得獲得更多的自主權，結束友情卻不見得會催生出同樣的感受。「友誼長存」這種感性的話語，會促使我們覺得不再想要和某個人為友是錯的，因此我們容易感到愧疚。不斷聽見、看見或讀到友情會持續一輩子之類的論點，總會讓我們充滿罪惡感。

友情之所以會比其他關係類型還要持久，是因為這些關係常常幫助我們成長，而且朋友是如此深入我們的世界，倘若和他們絕交，很有可能會改變整個社交生活的平衡。當結束一段關係將會影響整個社交生活時，就會很難以打破現狀。

社交圈重疊時，很難結束一段友誼；然而，即使沒有共同的社交圈，這件事也一樣困難。你們或許已經在彼此的生命裡存在相當長的一段時間，也或許只是近幾年才認識，但是大部分的時間都在一起。要分離，談何容易。曾經一直陪伴著你的那個人，你如何能夠輕易割捨。可是，一直陪伴著你的那個人也會改變。畢竟，人會死亡、會往前走，也會改變。

友誼結束的原因

友情出了問題時，癥結點往往顯而易見。例如，你的朋友在你的沙發上住了太久，卻不認為自己需要分擔房租；你的朋友因為嗑藥、參加派對或是常常做出不好的決定，不僅傷害自己，甚至是其他朋友的健康與幸福。

如果原因不太明顯，但是你每次想到對方都覺得很生氣，那麼不妨列出一張清單，寫下你喜歡和不喜歡他們的地方。接著，衡量利弊；這個方法適用任何類型的關係。詢問自己以下這些問題：和朋友不再相處融洽，這種情形持續多久了？你會不會覺得自己在這段關係裡總是一直付出？你可以忍受朋友的一些習慣嗎？對方每次開口說話，是不是都會先打斷你的話？她很愛八卦嗎？她的思想是否太過負面？好好釐清雙方的關係怎麼了，就能全面了解整個狀況，而後再思考這段關係是否有可能挽救。

當一段關係完全榨乾我們的情感、心理或身體層面的健康時，就連友情也會邁向終點。例如，朋友為了應付你，開始愛說謊，所以你必須不斷確認他說的話是否屬實；或是朋友開始在你背後說一些非常惡毒的壞話，被你發現。但是，不論如何，要結束一段曾經很要好的友情，一向不是一件容易的事。沒錯，如果一段友情從來沒有真正很要好過，要結束也會比較容易。

友情走到盡頭，也有可能是因為其中一方無法做到「互為」好友這一點。例如，對方太專注在自己身上，愛自己愛過頭；關係變得瘋狂，失控的程度到了嚇人的地步。

你也必須檢視自己。你如何對待這位朋友？你的朋友帶出你內心的天使還是惡魔？他們生氣時，你是火爆、冷淡，還是表現得漠不關心？他們知不知道該怎麼惹你生氣？仔細分析你自己和對方互動的方式，就能看清楚更多的小細節，知道哪裡出了問題，而哪裡並沒有問題。

真實案例：在關係中付出的代價

「那個人相當具有個人魅力，又很風趣幽默，我很享受這份友誼——好吧！有時候其實還好。這種人活力充沛。但是，當我仔細檢視整個狀況時，才發現到那個人也有亂糟糟的一面，無法忽視。而我無法接受他混亂的一面，所以就和他絕交了。簡單來說，我很珍惜從這段關係中得到的一切，但是隨之而來的代價實在太高了。」

——馬西亞

真實案例：絕交，而後真正地絕交

「和我絕交的那位朋友，對我來說其實更像是親姊妹般的存在。我們剛認識時，我就馬上被她吸引。她好像本來就是我的一部分，所以我非得認識她不可。

我們之所以會絕交，是因為她的丈夫對她不忠，而且有染的對象剛好是我和她丈夫共同的朋友。但是，當時的我卻完全不知情。現在回想起來，我真是太天真了。可是，那時候我真的沒想到他竟然會這麼做。她覺得我背叛了她，因為我和那個女人是朋友，而我又不願意和那個女人絕交，這讓她十分生氣。我們在談論這些事時並沒有好好釐清，所以愈說就愈讓我們對彼此的愛與尊重轉變成憤怒、氣惱及責怪。

我們的分開持續很長一段時間，充滿困惑又莫名其妙。最後，我想她放棄了。有太多因素導致我們如今的局面，中間發生許多出乎意料的事，我們也試了很多次。後來，甚至多了距離這項因素。她之後和丈夫搬到洛杉磯，再後來她的人生發生許多令人難過的事件，而我再度釋出善意。我們在洛杉磯見面，我告訴她，我很抱歉事情演變成這樣。我對她說，我很希望與她和好，但是我一點也不想要她丈夫再次出現在我的生命裡。

然而，她和丈夫已經重修舊好，繼續並肩前行。我並不是很清楚原因，但我知道她的這個決定會影響我們是否可以再做朋友。我們花了很久的時間，希望找到共同的解決之道。我們偶爾會互相傳簡訊，也會相約到博物館。我們努力保持聯繫，但是在我因為我不想看見她丈夫，而沒有邀請她參加我的喜宴之後……我就再也沒有聽見她的消息了。」

——寇優蒂

友誼結束的方法

你已經不是高中生了。所以，你不是試圖解決雙方的歧見，就是選擇不要解決。如果不想解決的話，要結束友誼的方法有很多種。

你可以把這段友情從很高的地位，悄悄降到人生中不那麼重要的位置，特別是如果你不擅長處理衝突場面時；你也可以常做一些你的朋友不喜歡的事，例如：她討厭上酒吧，你就週末都待在酒吧裡，這樣一來，或許就會愈來愈少見到對方；你也可以暫時少回電話、忽略對方的簡訊；或是直接告訴你的朋友，你再也不喜歡她了，讓她慢慢接受這個事實。

友情走到盡頭時，這種事情常常發生。這是人生的一部分，也是成長的必經之路。對一段曾經十分珍視的友情，結束就和重新開始一樣，選擇對的方式是很重要的。

方法一：面對面

還記得在第四章中曾提到梅茨、庫帕可及貝優維茨所做的說好話研究時，研究結果告訴我們，若抱持著同理心，面對面結束關係，對於分開或和好來說都是最好的方式。

沒錯，這個方法令人畏縮，而且的確相當困難，但是卻可以促成再確定不過的告別，因為雙方都能親耳聽見、親身感受你親口說出的一字一句，以及這些字句帶來的影響。除此之外，這是最直接誠實向對方表達你很在乎他們的方式，雖然你在意的程度已經減少一大半了。

要面對面告別，切記等到心情平靜的時候，不要選在婚喪喜慶、新工作的第一天、朋友的盛大派對、期中考和期末考或一場大病之後。如果在情緒起伏很大的時候提出告別，最後可能導致爭執不休，沒有定論。因此，不要選在朋友父親過世的一週後提出絕交，也不要在他們因為沉迷派對而遭到退學的當晚做出這件事。另外，在共同朋友升遷或生日的慶祝派對上也不適合。事實上，在任何派對上，或是當你們喝醉酒、情緒高昂時，都不適合談分開。選一個只有你們兩人獨處，安靜正經時結束這段友情。

當然，如果當下非得結束不可，就做你認為該做的事吧！但是，絕交前記得表達出選在當下分道揚鑣的急迫性。告訴他們，雖然你知道這不是一個結束友誼的好時機，但是你實在不知道什麼時候才適合。和他們說，你把這件事放在心上多久了，所以你真的很需要好好聊聊。坦白說出為什麼非得選在此時此刻不可，誠實面對自己當下的需求。

不要指著對方的鼻子，責怪誰犯了哪些錯。不要當幼稚的人，表現出大人的樣子。即使你真的覺得對方有很多不是，也請試著看見事物的兩面。沒有必要為了結束關係而道歉，除非你真的做了一些很可惡的事。務必確保雙方都明白以下三件事：

一、一切都結束了。

二、原因如下（盡量具體確切）。

三、你會如何和其他的朋友一起處理。

不要計畫之後的約會與見面，倘若共同的朋友也變得奇怪，不要太驚訝，因為這種事常常發生。只要確定你已經設立清楚的界線，雙方都很明白結束友情的約定即可。

結束一段友情通常不需要花費好幾個小時，就算是多年的深厚情誼也一樣。然而，和朋友絕交的確需要展現強大的誠實與意志，才不會在對方懇求改善關係時讓步，也才不會明明沒有一絲抱歉，但卻仍不由自主地想說聲對不起。

方法二：視訊或電話

有時候，你和你想要分開的人居住在不同的地方，即使你可以等待這段交通的時間，也不表示你會願意這麼做。如果距離是一個難以克服的因素，打電話就會是一個好主意。當然，這個方法並沒有像面對面那麼勇敢，但要是現實狀況不允許或情感方面無法做到，視訊或電話還是會比其他選項來得好。

即時視訊可以讓你見到對方，但是彼此仍保有安全距離，不在同一個空間。視訊讓你仍舊可以讀出對方的情感、看見他們臉上的表情，卻又少了親自見面和寒暄的尷尬。不過，透過電腦談分開還是滿尷尬的。電腦關機後，你也不必開車回家，因為你本來就已經在家了。

如果你不真的想要在拋下朋友時看見對方，或是你沒有個人電腦進行視訊，可以試著打電話。這樣一來，你們還是可以在結束一切前與對方說話，也能聽聽對方想說什麼。不過，打電話並不容易看出對方的反應，即使那個人超級開放也一樣，而且透過電話絕交可能會讓你覺得不踏實；但是，也並非全無可能。

方法三：寫下來

紙條很適合用來傳達一些難以啟齒的話。如果你對朋友所做的某一件事感到非常激動，需要找方式保持一點距離時，這個方法特別管用。把想要說的話寫下來，可以讓你好好思考要說什麼，也能用你希望的方式準確地表達話語。付諸文字讓你可以探索內心的感受，不會因為面對面溝通而變得太情緒化。這個方法也能讓你傳達所有的重點，並且清楚地說出你的決定。

寫信是容易讓人接受的方式，因為你可以好好想一想遣詞用字，較容易用同理心寫下很殘酷的事。如果你已經不喜歡對方了，就可以用比較修飾過的文句傳達你的意思。如果你的作風就是直來直往，當然也可以直截了當一些。

寫信比較不會發生爭論不休的狀況，也能確保自己真的好好想過希望訴說的話語。當然，你得決定要不要接受對方回信，還是你只是想要單方面提出分開。你也可以把信當成開頭，當兩個人真正碰面時就能直接切入正題。該說的、該做的都完成後，如果對方回信給你，你可以選擇讀信、撕掉，或是丟進抽屜裡，等到以後再打開來看。

或是你可以寫信給自己，但是永遠不要寄出。這樣可以幫助你整理一切想說的重點，真正面對面要提出分開時，思緒就會更清晰。這封信以後也能提醒你，當初結束這段友情之前，你的心中有什麼感受。不管怎麼寫，把內心的想法寫下來就可以幫助你釐清很多的事。

方法四：慢慢退場

如果這段友情還算親密，不向對方交代關係的轉變就會很奇怪，但是你又沒有非常投入，一天到晚和對方聊天相處，這個方法也是一個可行的選項。若是你有一個好朋友的圈子（如姊妹會），而對方也是其中的一員，或是你知道會在自己的社交圈中繼續見到對方，這個方法是較為溫和的手段，讓你不必繼續扮演好朋友的角色。

倘若雙方都沒有想要再與對方為友，但卻很希望與團體中的其他人維繫友情，慢慢退出這段關係通常會很有效。遇見對方時，你可以減少和對方說話的次數；真的談話時，也不要分享太多。盡量不要分享生活中較私密的細節，特別是那些會讓你感到脆弱的事。另外，少談自己私生活的同時，也不要替對方的私生活提供建議或想法。不要規劃未來的行程，更別假裝你很希望找時間聚在一起，婉拒對方小酌一杯或是看演唱會等的任何邀請。

漸行漸遠之後，你就沒有義務接聽對方打來的電話，也不需要馬上回傳簡訊。讓他們清楚知道，他們並不是你生活中的第一順位。一開始可能很難，而你可能會覺得自己這樣慢慢封鎖他們好像很壞，但是有時其中一方或兩人都還沒有真的準備好說再見。慢慢退場不需要分得一乾二淨，可以讓你將昔日的朋友放進熟人圈內。

方法五：消失

對，我曾在第二章說過，人間蒸發一點也不帥氣。但這還是一個選項，我並不能否認這一點。此外，雖然這個方法並不適合用在好友身上，但是針對一個不怎麼熟的友人倒是可以。不過，如果對方真的和你不熟，你恐怕根本也不需要擔心要不要絕交。要人間蒸發很簡單，但是如果這樣對待一位朋友，你就是混蛋了。

我刻意把話說得很重。沒錯，我們每個人都曾經從某個人的生命中消失。但是，如果你在乎（或「曾經」在乎）對方，你就真的需要好好思考自己為什麼會對他們做出這種事。當然，如果這位朋友喜歡使用言語或肢體暴力，讓你不知如何是好的話，就消失吧！不要回覆他們的來電、簡訊或電子郵件。你可能還必須搬到其他地方，讓他們找不到你。然而，如果可以做到人間蒸發，甚至是必須這麼做的話，你與這位朋友相處時的問題恐怕比和其他人相處的問題來得大，你自己本身的問題甚至會比這位朋友還多。

無論你最後選擇什麼途徑，不要期待即將成為前好友的那個人也會和你抱持著相同的想法，對方有可能無法接受你的決定——無論是絕交的決定也好，絕交的方式也罷。你只要記得：親自碰面或視訊通話可以為雙方帶來最大滿足的機會；寫信僅能提供單方面的滿足；慢慢消失或迅速蒸發則是最簡單的方法。

親自碰面雖然是絕交最好的方式，但是我也不能說服你每次都這麼做。如果我說我每次都面對面提出絕交，那是騙人的。因為這個方式並不是每一次都做得到，不是每一次都很容易，也不是每次都是對的。然而，如果想表示你很尊重這段關係，這仍是最好的方式。

真實案例：傷人的絕交信

「我的朋友寫了一封『絕交信』給我，我很驚訝。我還記得當時心想：『我好像被甩了。』我很生氣，因為對方在絕交前完全沒有對我提過，而且整件事都是一場誤會。我真的傷心很久。」

——艾力克斯

面對共同的朋友

我們的朋友常常也是我們其他朋友的朋友，所以和某個朋友絕交常常會變成以下這個棘手的方程式：

很多朋友＋很多朋友－某個朋友＝詭異的朋友氣氛

你幾乎無法避免地會遇見一些仍舊和你的前好友是朋友的朋友，因為你的身邊還是存在著其他共同的朋友，而他們可能還是很喜歡和你絕交的那個人，所以你需要清楚堅定設立一些絕交後的界線。此外，你也要知道對方越界時該採取什麼處理方式。例如，你告訴前好友不要再聯絡了，不管是電子郵件或其他方式都一樣。結果他們還是繼續聯絡，雖然你並未理會，但他們還是沒有停止，你就必須決定是否應該做出敵對的反應。

告訴其他的朋友，關於你們之間的協議。如果你可以和前好友待在同一場派對上，請告訴他們（像是「我們說好了，彼此見面可以點頭，但不要交談」）。如果你去了派對，發現自己無法遵守承諾，你就有義務克制自己的感覺，並且離開現場。這就好像對方如果很想當場發作，他們也有義務自行離開一樣。如果因為你的前好友會到場，所以你就不想去派對，千萬不要逼迫其他朋友做出選擇。和某人絕交，卻期待其他人也和那個人絕交，這是很不公平的。認為其他朋友應該介入，並且排擠你的前好友，也是非常不好的行為。

然而，你倒是可以告訴其他朋友，你不喜歡和你的前好友待在同一個房間或派對之中。如果無法忍受看見他們，就不要勉強。如果認為雙方都有可能受邀，就要求看賓客名單，如果發現昔日好友也會到場就別去。不要小題大作或是自己悶悶不樂，還強迫其他朋友要做出選擇。你們絕交並不是他們的問題。

這可能意味著你要暫時遠離那些朋友，讓他們經營他們的友情，等到自己準備好之後再去見他們。例如，如果你有一群朋友仍和你的前好友十分要好，你可以暫時與他們個別見面；或是在你家舉辦一場派對，但是只邀請特定的朋友參加。

如果真的撞見前好友，覺得尷尬是正常的，但是這不代表你要掉頭跑走。你們或許早已心平氣和，也好好說了再見。已經終止關係的兩人還是可以微笑點頭，然後擦身而過。

倘若絕交分得不夠俐落，或是其中一方不願接受，再次見面的場面就有可能會非常難堪。如果雙方之間還有一些問題未能解決，被絕交的那一方便有可能對你做出被動對抗或公然攻擊的行為，他可能會告訴其他朋友，他自己單方面的說詞，試圖把你說成是壞人。

最好的辦法是，暫時逃避被絕交的一方。絕交後，你當然可以消失在對方的生命中，說不定這樣還能讓傷口更快癒合。我有一個朋友曾經和我絕交，然後就消失了，雖然還是覺得很痛，但是沒見面真的會比一直遇見他還要容易走出來。事實上，如果他仍不斷地出現在我的生活裡，我真的不知道要如何忘卻傷痛。

阿尼對我來說是一拍即合的好朋友，而且超級風趣。說真的，雖然我們從來沒有做出親密行為，但是我真的很想要和他在一起。可是，他在有了女友之後就拋下我了。

如果當時我們住在同一州，他或許會選擇面對面提出絕交。但是，當時我在舊金山，而他則在紐約，所以他是打電話和我提出絕交的。我接到電話時正走在范尼斯大道上，就在市政廳的對面。他告訴我，他認識一個女孩，而且他很喜歡對方。我還記得自己一邊替他感到開心，一邊為自己感到一絲絲的傷心。因為我知道，等我回到紐約之後，一切將會變得有所不同。我不曉得一切究竟會有多麼不同，當然更沒有準備好聽見接下來的話。阿尼對我說，因為他遇見這個女孩，所以我們不能再當朋友了。沒有多餘的解釋、沒有討論的空間，也沒有任何的道歉，有的只是「很抱歉，婕咪，我現在沒辦法這麼做了。」

從那天開始，我就再也沒見過阿尼，也沒有和他說過一句話。如果真的再遇見他，我也不知道自己該怎麼辦。不過，坦白說我們根本不可能再見面，因為我們不住在同一州。我曾經寫了一封電子郵件給他，向他表達我有多麼傷心，但是他堅守自己的界線，回信時也回覆得簡單扼要，再次重申我們的友情已經結束了。

現在想想，阿尼的方式雖然不太溫柔，但卻十分直接。當時我很想要證明他是錯的，我想證明我們可以只是好友。然而，他比我有遠見多了，也比我還要誠實。他知道我不願承認的事是什麼，所以他堅守立場，離開我的生命。他知道在他展開新關係後，會在我的心中留下空缺，所以他才會選擇這麼做，讓我可以有機會去填補這塊空缺。雖然我現在對於自己失去有生以來最有趣的一段情誼還是很難過，但是我也很高興他沒有再次出現在我的面前，讓我更加痛苦。

隨著時間流逝，這段友情對我來說漸漸變得不再那麼重要。雖然我在寫下這段文字時，心中仍有一塊地方在隱隱作痛，但是絕大部分的時間裡，我已經不再想他了。

我相信，這都是因為阿尼能夠很清楚地割捨，他從來不讓我抱持著他會回心轉意的希望。他提絕交時表達得明確而清楚，即使當時我真的很希望他能回到我的身邊。

不管走到哪裡，你都有可能會遇到另一個曾經和朋友道別的人。當我們互相分享這些故事時，就會發現不管我們選擇的路有多麼不同，我們都曾有過建立友情、結束友情的經歷。

被斷絕關係的那一方能怎麼做？

一、你並不是只有一個人，幾乎每一個人都曾經和朋友告別，而就連那些提出分手的人也曾經歷絕交。

二、花一些時間與朋友、家人或是其他可以訴說的人談談，了解他們在這段關係中看到什麼，以及你們兩人在友情結束時各自扮演的角色。

三、冥想，或是尋找其他平靜的內省方式。

四、嘗試新鮮事物。這不僅能降低撞見對方的機率，也能使自己敞開心胸、結交新朋友。

五、寫一封信給對你提出絕交的那個人，表達自己的感受。即使信件無法送到對方的手中，抒發情緒總是好的。

六、你可能會感到傷心、憤怒、反感、氣惱、寬慰或震驚，也有可能已經接受絕交的事實，但是即使接受，可能也不滿意一切結束的方式，這些情緒都是正常的。

第六章

斷絕家庭的羈絆

不管失和的原因是什麼，有時候你唯一能為家人做的就是照顧好自己。
這可能是指改變關係、暫時休息或結束關係。
如果其中一方看得夠遠，有勇氣脫離一個對任何人都不具意義的處境，
對每個人都好……

「我的家人既是我的力量來源，也是我的致命弱點。」

——愛絲維婭．雷．巴克罕（Aishwarya Rai Bachchan）

家人最原始的定義是一群擁有共同祖先的後代，但是這個定義似乎有一點太狹隘。家人是我們願意放下一切、前往任何地方，只為了陪伴在身邊的人。家人是一個共同體，我們維護家人的尊嚴（有時至死方休），有了他們的愛，我們的生命才有意義。從小到大（幸運的話），我們都堅信家人會是我們的救生圈與避風港，是我們的歷史，也是我們一部分的自我。家人會在妳生第一胎時在外等候，並在生產結束後迎接妳回家。家人之間的連結應該是堅不可摧的。

有些文化，像是南美與亞洲文化，會把家庭放在「首要位置」，他們不能理解，也絕對無法接受沒有家人的生活。因此，要和這個核心單位裡的某一個人切割關係，簡直就令人難以想像。和家人斷絕關係，是令人崩潰又心碎、感到恐懼而孤立的。與家庭成員結束關係，會帶給人一種無所適從的感受。

當你決定與家人斷絕關係時，就好像是在質疑自己的整個家族歷史一樣。此外，如果對方在你學會打理好自己的生活前，曾經教你學會生活中的大小事，你可能會覺得自己做錯事，並沒有想辦法改善這段關係。

另一方面，和家人打破一段不好的關係模式，也會讓人鬆了一口氣。肩膀上的那塊大石頭總算可以放下了，你也再也不會覺得自己不斷沉入海底，沒有任何出路。你可以好好呼吸了。這會讓你覺得自由、充滿力量，同時也會感到可怕。

有些家人從未盡到家人的本分，如果這些對我們造成不好影響的人是我們的主要照顧者就更糟糕了。幸運的話，這些人可能是遠親，因此除了家族聚會之外，他們對我們的生活並不會產生太大的影響。這種全憑運氣的事情（指的是我們出生在哪個家庭），有可能會讓家人對我們造成生理或心理層面的傷害，甚或做出性侵行為；有些家人無法接受家庭中出現同性戀、跨性別者，或是問題兒童、堂表兄弟姊妹或手足時，甚至會搬出上帝，把聖經的觀念加諸在他人身上。

親屬關係結束的原因有許多種，包括溝通不良、渴望獨立的心態、離婚、成立新家庭、家庭羈絆等。

與家人的關係倘若陷入困境，我們可以試著想辦法解決，或是尋找我們願意視為家庭的其他團體。有時，為了成立一個令人安心的新生家庭，我們必須拋下某些重擔。雖然我們不能選擇原生家庭，但卻可以選擇是否要繼續和這個家庭維持關係，或是該用什麼方式維繫與原生家庭的關係。

斷絕親屬關係的各種複雜層面

今天，我們活在一個充滿連結的世界。我們不僅可與他人經由飛機、火車、汽車及公車等交通工具產生連結，家人也能透過社群媒體、視訊、簡訊和電話進入我們的生活中。

家人對你的意義是什麼？

「能夠讓我願意挺身而出保護、讓我不管在做什麼都要接聽電話、讓我拿錢出來紓困且毫無怨言、讓我打電話給拖吊公司並支付相關費用，這種人就是家人。你會護送家人回家，讓他們遠離危險；在醫院裡握住他們的手；回覆他們的電子郵件；沒有特殊節日也會送禮物；隨時更新他們的通訊方式；而且你絕對不會和他們斷了聯繫。這些事情似乎是天生的，但有時候也可能是後天習得。」

「家人是一群永遠真誠陪伴彼此的人。」

「我的家人教我，『家人』之間的愛是沒有條件、無須批判的。不管我做了多少瘋狂又愚蠢的事，他們總是在那裡，讓我覺得被愛、被支持。我希望自己能一直這樣對待我的丈夫、女兒、朋友的家人和學生。」
「家人不見得具有血緣關係……家人會為了你哭、和你一起哭、一起慶祝，他們很了解你，就算你是神經病也會愛著你。不管經歷多少風雨，他們仍然會在你的身邊。」
「我的家人就是我最愛的人，他們都是我的朋友。沒有必要的話，我不會想要接觸原生家庭中的任何一個人。」

在我看來，人與人之間的連結實在太多了，這讓我們在遇到關係不順時，難以完全切斷連結。如果電話關機、登出臉書、不再檢查郵件，摯友和家人通常都會發現，並且趕緊送上問候，確保我們一切安好。唯一一個逃離家人的方法似乎只剩下移民火星一途了，否則要與家人切斷聯繫的這種念頭恐怕不可能實現。然而，出生在這個家庭中，並不代表你就要終身和他們糾纏不清。當然，你無法將他們從家族歷史中抹去，但是你可以改變當下的故事情節。

改變家人之間的關係是一件頗為棘手的事。而且我們常常聽說，家人（父母尤是如此）之所以會做出那些討厭的事，是因為他們愛我們，而不是因為他們想要傷害我們。所以，我們認為他們所做的事會傷害我們的自我感受，他們卻可能認為他們的所做所言都是為了要保護我們。例如，當他們告訴我們，並不喜歡我們的男友或女友時，可能是他們表達下述善意的方式：「我們覺得你比她好，所以一定可以找到更好的人。」但你聽到的卻是：「又來了，你又搞砸重大的人生決定了。」

我們常常無法看清事實，尤其是在青少年時期，我們經常會把家人的行為解讀為殘酷、不正常的。他們或許並不覺得自己是在做一些惡意的事，但我們才不管他們是怎麼想的。然而，如果我們可以停止這些負面想法，花時間進行溝通，我們就能明白家人的出發點是好是壞。一旦看透徹了，就更知道要如何改善這段關係，或是更確定這段關係無法繼續維繫。

即使是一段壞關係，也有某種程度的用處。畢竟，如果這段關係毫無用處，我們也不會感覺這麼不好。這些關係滿足我們的不安全感，也滿足我們長久以來認為別人會如何看待我們的想法。這些壞關係讓我們毫無長進，是因為有時候維持現狀總比提高標準來得容易。如果我們依賴他人看待自己的想法，就不需要對自己抱持著太高的標準。這種心態雖然並不是很好，但是有時候順從自己已知的事物，會比跳脫舒適圈來了解真實的自我，還要令人感到安心。

真實案例：不存在的母親

「我媽在我還是小嬰兒時就離開了我爸，所以我其實不認識我的父親。撫養我的是外婆。她在我結婚時牽著我走過紅毯，並且在兩週後去世了。

外婆過世後，我就和我媽斷絕關係。最後一次看見我媽，是在外婆的追思禮拜上，那也是我最後一次和我媽說話。我十二、三歲時，和媽媽的關係開始變得緊張。從當時起，我們的關係就一直每況愈下，隨著年紀增長，情況愈來愈糟。我媽為了得到她想要的，開始說出一個比一個大的謊言。最後，我終於發現她是一個非常自戀的人。她和很多人斷絕關係，因為她得不到他們的注意。進入青少年時期後，我開始愈來愈常和朋友在一起，比較少花時間陪伴家人，我就是在這個時期終於徹底爆發了。十七歲時，我搬出家裡，遠離這一切，而幾週後我媽就被診斷出罹患躁鬱症，但是她只服用兩週的藥物，之後再度變回那個瘋狂的自我。我媽一向不太懂得如何照顧自己的健康。

二十一歲那年，我看見我媽故意找我阿姨吵架，那時我才發現她一直都是刻意這麼做的。對我來說，那是一個轉捩點。我了解到我媽所做的一切瘋狂行徑，其實都是刻意所為，她想要摧毀外婆和其他家人之間的關係，這樣她在外婆的心中才會是最好的。看著我媽故意破壞外婆與其他阿姨、舅舅之間的關係，真的非常難受。我媽是在傷害她自己的手足和外婆之間的感情。

自從我明白這一點之後，除非真的有必要，否則我幾乎當她不存在。聽起來很冷酷，我可以盡可能地把她從我的腦海之中屏除。這並不難，而在外婆死後，結束這段關係也不過是形式而已。我什麼也不需要說，我甚至不記得最後一次見面的細節，我也不記得自已有說出任何要結束這段關係的話語，只記得我和丈夫離開了，就是這樣。這段關係早在很久以前，就已經在我的腦海之中結束了，外婆的追思禮拜並不是這段關係的終點，只不過是正式宣布：『我的生命終於再也不會有你的存在了。』

我從這些事情中學到，不管這段關係是什麼，你都應該尊重自己，這樣別人才會反過來尊重你。」

——瑞秋

羈絆，是一個家庭問題

若是你常常覺得要他人告訴自己應該怎麼想、怎麼做，你很可能就會有羈絆太深的問題。家族治療專家薩爾瓦多・米紐慶（Salvador Minuchin）是第一個提出「羈絆」這個概念的人。羈絆，就是彼此連結極度緊密，因此有意識或無意識地斥責團體中某種程度的自主行為。羈絆包括他人有意或無意地告訴你應該怎麼感受、思考及做事[1]。例如，你不可以和家族以外的人訴說你的家庭問題；當你想要把頭髮染成紫色時，你的父母發誓你要是這麼做的話，就會無視於你的存在；你可能已經四十六歲了，自己住在外面，但還是對你的父母言聽計從；或是你三十三歲了，也結了婚，但卻還是會向父母報備所有重大的人生決定，希望得到他們的允許或祝福。

羈絆可能發生在任何年齡，而且我們不一定會意識到。住在家裡或是和父母相隔甚遠，都有可能會發生這個問題。通常，當你發現自己受到羈絆時就已經很難解決了，但也不是毫無可能。狀況再怎麼難解，只要有耐心地慢慢處理就可以解套。

要解決羈絆，最好的辦法是找家族治療師來協助。這位外人可以點出家人之間的關係在哪裡界線不清，以及在哪裡又緊密得不正常。即使你尋找家族治療師是為了其他方面的問題，受過訓練的治療師也能看出家族是否出現羈絆的狀況。

如果家族治療行不通，你可能就必須竭盡全力與家人劃清界線。如果家族具有羈絆的問題，要劃清界線將會十分困難，但這恐怕是唯一的辦法。

然而，不論你是如何解套的，解決與家人的問題就表示你有自行做出人生決定的自由。

與主要依附情感斷絕聯繫

主要依附情感是指我們在嬰兒時期第一次產生依附情感的對象。這些對象被賦予重責大任，必須讓我們在嬰兒時期安全長大；此外，通常也是每天出現在我們生活中的角色。主要依附情感對象有可能是母親、父親、祖父母、手足、養父母、鄰居，或是其他的照顧者。

出生在平等至上的西方家庭中，大部分的人都能與主要依附情感對象相處融洽。事實上，大多數的「初顯成人」（即介於十八歲至二十九歲之間的成人）在長大後，和父母的關係都很不錯[2]。《是誰傷了父母？：傷心父母的療癒書》（*When Parents Hurt: Compassionate Strategies When You and Your Grown Child Don't Get Along*）一書的作者約書亞・柯曼（Joshua Coleman）博士表示：「我們成功地幫助孩子覺得自己被關心、被了解。當我們能做到這一點時，許多養育成年子女的人都認為自己與成年子女的關係，比他們在同樣年紀時和自己父母的關係還要好[3]。」

然而，柯曼博士也警告，這種關係有可能會事與願違：「在這個時期，成年子女已經沒有理由繼續親近父母了，除非他們自己想要這麼做。我們對於父母應該提供給子女的事物標準變高了，這些標準往後也將回過頭來重創父母；我們教育父母關於兒童發展的一切，同時也在教導孩子同樣的道理。這些都將在往後的人生中造成孩子對父母感到氣憤，認為父母做得還不夠多。」

直到我自己成為母親之後，才終於明白要當完美的父母是絕不可能的，我也終於知道父母這個身分有多麼容易搞砸。我很清楚我的父母在有些地方做得真的很好，但是我仍希望他們當初可以稍微改變做法。可是，這不代表我沒有看見他們有多努力。當父母真的很困難，畢竟我們無法不斷「試鏡」爭取這個角色，然後等著哪一天「贏得」這個角色的戲份。即使不斷練習，仍然不可能十全十美。

當個不完美，甚至是嚴厲的父母，其實並不會導致孩子與我們斷絕關係。造成孩子與主要依附情感對象斷絕關係的原因，包括毒性關係、親子相處模式一再重演、父母各自成立第二個或第三個家庭，以及孩子的配偶或伴侶對於親子關係的影響。

毒性關係通常表示，父母其中一方具有暴力傾向，包括言語暴力、肢體暴力或性侵害；主要依附情感對象常常做出危險行為，像是酒精、毒品或嗜賭成癮，隨意帶陌生人回家並發生性行為，以及其他令人無法接受的行徑；一個極度自戀、控制欲強或幾乎無法相處的父母。當你覺得自己的生活因為主要照顧者的行為而變得危險或失控時，就得想辦法盡快脫離現狀，才能保護自己。

在你將關係正式歸類為毒性關係之前，請先確定你沒有弄錯。第三章曾說明毒性關係的元素。「有些關係真的就是毒性關係，但也有些關係是因為充滿衝突，而讓人感覺不舒服，實際上卻是健康的家庭關係。另一方面，你的父母愈難相處，這段關係就會令人愈不舒服。」柯曼博士說道。

如果父母成立新家庭，我們很容易就會覺得他們也拋棄了舊家庭。新家庭會讓我們覺得自己被忽視，和父母形同陌路。為了不要產生遭到忽略的感受，父母、繼父母及子女都必須努力維持家庭關係。

新聞記者秀娜・范恩〔Shona Vann，又名秀娜・希芭里（Shona Sibary）〕在二〇一一年刊登於《每日郵報》（*Daily Mail*）的一篇文章中，曾提到她和父母脫離關係一事。她的父親搬到斐濟與再婚的妻子與繼子一起生活後，她的母親也離開英國，搬到加拿大和第三任丈夫住在一起。「像我這種案例，往往都要花費好幾年的時間才能撫平傷痛，覺得自己愈來愈疏遠父母，然後才會終於發現，曾經自以為很熟悉的父母早就不存在了[4]。」

如果你的心中一直有個聲音不斷地提醒你，你父母中的一方已經展開新的人生，而這個聲音令你難以忍受；或是你覺得那段新關係讓你距離對方愈來愈遠，你或許可以選擇和那位主要依附情感對象分道揚鑣。

有時，成立新家庭的可能是你，決定和舊家庭說再見的也是你。例如，你的主要依附情感對象過度批評你的配偶或伴侶，而你為了保護配偶，就有可能會疏遠他們；或是你的伴侶不喜歡你的父母，這種尷尬的處境最後便有可能爆發，讓你必須在兩者之間做出選擇。

即使你已經準備好結束這段關係，你的主要依附情感對象可能也會盡力挽回。父母通常會比子女更容易採取行動，試圖維持親子關係。如果他們沒有這麼做的話，這段關係最終將會失敗。然而，請給主要依附情感對象聆聽你抒發情緒的機會，只要你還願意嘗試，就不要輕易放棄。

從父母的立場來看，在這段關係中唯一支持他們繼續下去的，就是這種無條件的愛，只要有這份愛，就足以讓他們願意做出改變。雖然我了解什麼是無條件的愛，但我其實是在女兒出生之後，才真正明白父母無條件奉獻愛給子女是什麼樣的概念。雖然我一路上可能會做出許多搞砸彼此關係的事，但是我依舊會全心愛著她，直到永遠。從前身為女兒時，我無法解釋這種感覺，但是成為父母後就完全明白了。

真實案例：從天堂到地獄

「我爸在我還是小嬰兒時就離家出走了。我媽無法告別這段混亂的過去，所以就把她的怨氣發洩在我身上，常常在生理或心理上對我暴力相向。她擁有名副其實的天使與惡魔雙重人格，每當她開始酗酒時，天堂就會變成地獄，直到她喝到昏死為止。隔天早上，她在無意識下變成的那個怪物就會消失，完全忘記她在前一晚對我做過什麼可怕的事情。充滿慈愛的母親與有如撒旦般酗酒成性的魔鬼，就這樣交替出現在我的兒時記憶中。

媽媽對我和他人所做的一切可怕行徑，都不是在她清醒時所做的。所以，我愛這位天使，我愛她的廚藝、我們一起探索世界的每趟旅程，以及用著沒有比一條鞋帶長多少的繩子在碼頭邊釣魚的回憶。她喝醉時總說，我有一天會遺棄她，留她一個人在世上孤獨地死去。我告訴她，我永遠都會在她的身邊，永遠不會遺棄她。我還告訴她，我是一個好兒子。

當時，我真的是全心全意地這麼想。

十多歲時我從家裡搬出去，好讓自己可以專心完成課業與工作，但是我從不會離媽媽太遠，每個週末都會回去幫她打掃家裡、整理花園，並且陪伴著她。某個暖和的週六下午，當我掃完落葉，回到屋內喝水時。我看著她的臉，天使也回望著我，其中惡毒的眼神一閃而過，但是我這次選擇低下頭。我真的受夠了！我對她大吼道：「選一個！不是我，就是酒！」她嫌惡地看著我，叫我不准指使她。我說，只要我走出那扇門，就不會再見她，也不會和她說話。她咒罵一聲，說我根本不敢這麼做，所以我就真的用行動證明了。我頭也不回地走出家門，只覺得淚水刺痛我的臉龐。

在我們最後一次見面的短短幾分鐘內，我終於做出決定，就是這段關係已經走到盡頭，我值得過更好的人生。她那些可悲的過錯並不是我的責任，我也不像她所說的那麼糟糕。在我小時候，她總是一而再，再而三地提醒我，她為了生我、養我是如何犧牲自己的人生。在那一刻，我突然明白她錯了。當妳決定生下一個孩子時，就應該準備竭盡所能地付出一切，讓那個孩子過著最好的生活。

二十五年來，我都沒有再和她見過面、說過話。直到她臨終前，我從地球的另一端打電話給她，祝她一路好走。我告訴她，我從來沒有停止愛她。除此之外，就沒有再說什麼了。每當我慈愛地看著小女兒純真的雙眼時，就會看見我小時候渴望得到的單純希望與夢想，而我唯一的希望就是不要糟蹋她的人生。我知道和母親決裂是我人生中做過最正確的決定，這不只是為了我自己，也是為了我的女兒好。如果我能脫離那段充滿毀滅性的關係，並且治癒自己，或許可能我的女兒永遠不會覺得自己需要和我斷絕關係。」

——史考特

與次要依附情感斷絕關係

次要依附情感對象包括手足、祖父母、阿姨、姑姑、嬸嬸、舅舅、叔叔、伯伯及堂表兄弟姊妹等。這些人通常不是你在經濟上或情感上依靠的對象，但是你仍稱他們為「家人」。和這些家庭成員斷絕關係也會令人難過，因為你們依舊擁有共同的回憶、過去與經歷。就連遠親也會和我們產生連結，因為具有血緣關係。

這些共同的過去在我們長大之後，可能會幫助我們變得更加親近，但是也可能助長彼此拉開距離。手足或其他陪伴我們長大的家人更是如此。這些家人認識了我們一輩子，所以兒時曾有的敵意有可能會延續到成年時期。

例如，姊姊小時候打妹妹，就可能會永遠被視為霸凌者，即使很久都沒有出現霸凌行為也一樣。這也可能導致其他的負面性格，諸如自私、愛使喚人、叛逆、愛生氣及愛說謊。雖然這些早年形成的性格常常會伴隨著我們到成年後，但是我們倒不見得長大之後還會以此做為處理事情的主要方式。然而，談到次要依附情感對象，他人對我們的看法與他們給我們的感受仍有可能讓我們持續困在過往的角色中，即使這些角色早已不復存在。要修復我們的思維很困難，因此斷絕聯繫或許能幫助我們重新來過，停止那些在腦海中反覆出現的旋律。

根據《時代》（TIME）雜誌的某篇文章提到，八五%的成年美國人至少擁有一個手足，但是卻有三%到一〇%的人和手足完全斷絕聯繫[5]。

有時候關係之所以會結束，純粹只是因為我們無法忘記過去。我的妹妹和我就有這個問題。我們一直困在小時候彼此互相認定的角色中：我就是那個愛霸凌妹妹的姊姊，而她則是討厭被我使喚的妹妹。我們之所以會斷絕聯繫（後來變成只是暫時性的）是在某個大事件（也就是外婆的葬禮上）發生的，因為當時我愛使喚人的性格再度失控。

我告訴她，她應該待在樓上，不要接近其他人，因為她感冒了。她回了一些令我生氣的話，所以我們發生短暫的爭執。同樣的爭吵已經發生過很多次。在這場三分鐘的爭執結束後，我告訴她我再也不想要這樣了。我所謂的「這樣」，是指老是為了雞毛蒜皮的小事吵架。

結果，我們有三個月都沒有和對方說話，這讓我的父母和弟媳非常煩惱。當時，我妹甚至在臉書上把我從好友名單中刪除。可是，我知道我們只要開口，一切就會有所不同。妹妹和我已經習慣了「我們互相討厭」這個非常糟糕的相處模式，她討厭我這個處處為難又自私的姊姊，而我則不喜歡這個嬌生慣養的妹妹。

在外婆的葬禮上吵了一架後，我開始思索自己讓她產生這種感受的原因。我漸漸發現自己其實不是一個好姊姊，我的思考總是只想到自己，而不是她，還有我在兒時也沒有努力鞏固我們之間的感情。

在我們的斷絕聯繫後過了兩年多的時間，那一次的斷絕聯繫和女兒的誕生同時為這段關係帶來很好的影響。在分開的那段時間裡，我看見自己有多麼自私、壞心眼又傷人。我真的很抱歉小時候沒有更愛妹妹一點，也很難過自己長大後沒有絲毫轉變，並且看得更加透徹。斷絕聯繫讓我們有機會活在沒有對方的世界裡，找到對彼此都更好的相處方式。我不認為我們會再斷絕聯繫；事實上，她甚至邀請我在她的婚禮上當伴娘。

斷絕次要依附情感關係的原因有很多種，包括關係緊繃時期或死亡；親戚若試圖協調主要依附情感對象的晚年照護問題，或是主要依附情感對象過世後的遺產分配事務，也有可能導致次要依附情感關係破裂；如果親戚不喜歡你的配偶，也有可能迫使你結束這段關係；另外，針對家族事業所做的重大決定，或意見不合也是可能的原因之一。

真實案例：與痛恨自己的姊姊共處

「我的姊姊從未像一個手足愛著另一個手足那樣地愛我。我們之所以互相愛著對方，只是因為我們應該如此，但是她其實一直很忌妒我這個妹妹。我曾經向親戚證實這一點，爸爸死前也告訴我，她很不滿我來到這個世界上，她在小時候會做出許多傷害我、羞辱我的事情。

在我二十歲時，母親過世了。姊姊一直都和媽媽處得非常不好，我們在媽媽過世後就沒有太多的交集。除了我偶爾會打電話給她，對她說：『我們是姊妹、是家人，至少應該偶爾通電話。』我們都會走過這條必經之路。她只是顧著講自己的事，然後試圖操控這段關係。她常常會在一大早打電話給我，即使她很清楚我前一晚並沒有回家。所以，我有一天在電話中對她說：『我現在真的非常累，妳可以晚一點再打來嗎？我現在沒辦法講電話。』她當時告訴我，我象徵她在這個世上所痛恨的一切，她要我假裝自己沒有姊姊，過完剩下的人生。如果我聯繫她的話，她也絕不會回覆，就是這樣。我記得她所說的每一個字。這種事情在之前就曾經發生，所以我其實並沒有想太多。但是，我突然想通了，我沒有再打電話給她，也沒有再試圖聯絡她。在那之後，我已經有二十年沒和她說過話了。

我最後終於接受一件事，就是對我來說，我的姊姊從來就不是一個姊姊。我想她是真的愛我，就像妳一定會忍不住愛著自己的手足那樣，但是她也一直很討厭我。我其實可以對她說『去妳的』，但是我做不到。我知道她本身有一些大問題，可是我必須知道她在什麼時候才會對自己的行為負責？

我正在進行心理治療，所以明白生氣並不是一件壞事，把她當作怪物也不是一件壞事。我學會不要再對她抱持著任何期待。但是，某一部分的我其實還是那個小女孩，真的很希望她可以愛我、把我當成朋友。每當我看見別人的家庭和姊妹關係如此親密時，我就

「好想知道自己的家人為什麼不是那樣。」

——艾咪

改變家人關係的方法

不管失和的原因是什麼，有時候你唯一能為家人做的就是照顧好自己。這可能是指改變關係、暫時休息或結束關係。如果其中一方看得夠遠，有勇氣脫離一個對任何人都不具意義的處境，對每個人都好。

重新建立連結

當你要和生命中最重要的家人（像是父母）斷絕聯繫時，你一定要非常小心地回答「是什麼」、「怎麼做」及「為什麼」三個問題。有時候，我們會以為是關係中有哪裡出錯了，其實只是因為我們覺得無法隨心所欲，而不是父母真的做錯什麼。一旦找出真正的問題所在，你才能夠知道要如何脫離一段再也不適合你的關係。

斷絕聯繫之前，請先回答以下三個問題：

一、這個人在我的生命中具有什麼價值？
二、和他們在一起時，我有什麼感受？
三、少了他們，生活會變得如何？

回答這些問題就可以幫你清楚了解結束或修復這段關係，將會讓你失去或得到什麼。

清楚而確實地表達

雖然「你真是差勁的父母」這種概括性的話說出來很容易，但卻無助於你或是對方開啟溝通的橋梁。首先，這種說法不夠明確，無法指出主要依附情感對象讓你難過的原因。其次，這種話的防衛性太重，在父母有機會解釋之前，你就企圖攻擊他們。

即使「差勁的父母」所言不假，差勁的父母也不可能好好聽出話中意涵。畢竟，糟糕的父母之所以會很糟糕，通常是有原因的。他們可能為了掩飾自己很差勁，就做出更多的糟糕行徑，例如：酗酒、吸毒、沉迷電玩、賭博或是經常不在家。即使他們不會壞上加壞，他們仍然曾經受過傷、不健全，所以可能很難面對這種嚴厲的指控。如果無法不帶批評、溫和表達，他們很難聽得進去自己有多糟，也就完全無法進步。

和他們解釋你為什麼會有這些感受，請心平氣和、不帶批評地舉出讓你受傷的實例。例如：

「我很難接納你，因為你在我還小時，花費許多時間待在酒吧裡，讓我覺得你寧願喝酒也不想和我玩，但是我真的好希望你和我玩。」雖然這個方式還是有可能讓他們想成，你在說他們是差勁的父母，但是提出讓你受傷的理由，仍有助於讓他們發現自己一直用來掩飾傷口的行為。

此外，簡單地告訴他們你的需求。讓他們知道你是不是需要多一點空間，並且感謝他們聆聽，儘管你並不曉得他們究竟有沒有完全把你的話聽進去。認可他們參與這場對話，讓他們明白這是一個雙向的關係，雖然當下其實只有一方在說話。

如果可以面對面溝通就更棒了，但若是無法做到，可以改用視訊。如果視訊仍舊太難，寫信雖然無法達到即時的互動，可是也很有效。

訂定規則

不想再維繫一段關係，說來容易，但對象是你的家人。這些人想必愛你就和你愛自己一樣多，甚至更多。

如果仍想試著維繫這段關係，你可以列出一張表當作最後通牒。以訂定規則的形式清楚地寫下你想要的事物，可以再給家庭一次機會尊重你的底線。倘若他們仍做不到，你其實也已經寫下這段關係為什麼行不通的證據了。

這張列表就是雙方互動的規則。寫下所有的規則之後，一起讀過一遍。交給對方時，你可以這麼說：「我覺得我們一再犯下同樣的錯誤，我希望我們可以改變這些行為。我很愛你，所以想了一些辦法，希望可以解決問題。因此，我列了一張表，想要讓你看看，並且聽聽你的想法。」

或是寄一封電子郵件給對方。簡短地告訴他們，你想要找辦法改善彼此的關係，接著把那張表寄給他們。寫得簡單一點；不要寫下五十件事，然後告訴你爸，為了變成好爸爸，他必須全部做到才行。然而，規則務必夠詳細，列出你希望看見的轉變。規則表的範例如下：

一、己所不欲，勿施於人。
二、不要大吼大叫。
三、若是想要大吼大叫，請離開現場，直到你能控制情緒、平靜友善地進行溝通為止。
四、不要辱罵。
五、詢問你的意見後，再發表意見。
六、每天最多打電話一次。
七、如果這些規則被打破一次，就要特別小心注意；再次打破，暫停交談一週；又再打破，討論是否需要進行家族治療。

你不可能改變他人，但是你若可以遵守自己訂定的轉變，他人就會比較容易跟著遵守。如果還是沒用的話，隨時可以選擇斷絕聯繫。

尋求諮商

你可能不想要列出規則，或是一對一地暢談自己的感受。因此，中間人能幫助彼此走過修復或結束關係的過程。心理治療師之所以會有生意可做，是因為我們每個人的家庭或多或少都有無法正常運作之處。所有的家庭都一樣。西方文化中能有這一種人存在，真的相當幸運。我們只要付錢，就會有人傾聽我們和父母、手足、阿姨、姑姑、舅舅、嬸嬸、伯伯、叔叔、堂表兄弟姊妹，或其他人之間的問題。

在艱困的時刻能有人支持自己是很重要的，朋友、配偶或其他的家庭成員雖然也非常有幫助，但是尋求心理治療有時可能會更有效。如果家人願意和外人談論關係現況，最好能和他們一起去。身為中間人的心理治療師可以讓雙方不覺得自己受到批評，也能幫助彼此看清楚問題的兩面，讓雙方都覺得自己被傾聽，也都會感到開心。

心理治療可以幫助一個人找到對的方向。如果你已經在進行個人的心理治療，並且想要持續的話，就可以詢問家人願不願意進行個人心理治療。這樣一來，雙方都能保有自己的空間和時間，共同努力改善現況。

決定斷絕聯繫

就像和朋友絕交一樣，結束與主要或次要依附情感對象的關係也有各種方法。你可以面對面、透過視訊或電話、寄信或電子郵件、慢慢消失在對方的生命中，或是直接消失不見。只要情感能夠控制得住、距離不是問題，面對面永遠是最好的辦法。畢竟，對方是你的家人，他們值得親耳聽見你想說的話、親眼看著你離開。如果距離不許可，視訊則是另一個面對面斷絕聯繫的選項。

的確，親自斷絕聯繫可能會造成很大的傷害，但是就因為這些傷害和傷心，這個方法才會比其他選項更能確實斷絕。當然，面對面斷絕聯繫還有其他的困難之處：你得解決雙方的問題，還可能會演變成爭吵，而非溝通，要把重點講清楚，同時又不會讓彼此變得防衛心過重或沮喪難過，所以就會變得相當困難。

不管是要和誰斷絕聯繫，都要溫和一點，對待家人更應該如此。這樣一來，主要或次要依附情感對象就能稍微放下防衛心理，也能好好傾聽你說的話，對父母來說更是如此。「對父母而言，聽見對方說自己犯了錯是很難受的，不管對方是子女或其他人。」柯曼博士解釋道：「大部分的父母親都很認真地對待自己的責任，就算他們真的做得不好，他們對自己身為父母的認知，仍是他們自尊與自我認同的核心所在。」

從好的事情開始聊起，再慢慢帶到壞消息。例如，告訴父母，你喜歡他們身為父母的哪一點；告訴手足，當他們的姊妹有多好；和表妹分享你們兩人曾有過的美好回憶。這樣一來，他們就不會覺得你是要傷害他們。接著，再明白告訴他們，你要結束這段關係。

避免羞辱對方，不要毀謗。別說「你很……」，改說「我覺得很……」、「我一定要……」，或是「我覺得有一些辦法……」。

把你要說的話說出口，然後說再見。

倘若直接面對家人會讓你很焦慮，或是產生其他的負面情緒，就可以試著把你的感受寫成一封信，把你的情緒說清楚，告訴他們事情是怎麼出了錯，又是哪裡出了錯。如果這個錯誤存在很久，你就要讓對方知道你覺得這段關係是如何發展的。詳細說明你認為是缺點的地方，但表達的方式不可以讓他們覺得他們都是錯的，而你都是對的。

使用寫信這個方法，對方不見得會收到。這裡指的是兩種層次的意思：信件可能根本沒有送到，或是對方的情感上沒有辦法接受。因此，可以選擇同時寄發電子郵件與手寫信件，增加傳遞成功的機率。如果能得到對方已收到信件的通知，像是投遞確認，也可以試試看。

真實案例：早知道，當初就一刀兩斷

「我真希望我當初能和我爸直接一刀兩斷，因為這看起來比較容易，而且也總比來回掙扎老半天，不知道怎麼做才是正確的還要簡單。但是我也知道，若是能這樣就切斷與一個人的聯繫，你還損失了什麼？你或許永遠找不到和這個人斷絕關係的原因。不過，一旦斷絕關係了，就不用再去想這些事，我就是浪費太多時間在想了。我喜歡這兩種方法的折衷之道，天曉得心理治療能幫到什麼。」

——翠西

與其他家人相處，如何避免尷尬？

其他的家族成員可能無法理解，你為什麼必須和其他家人結束關係，或是他們其實完全明白，因為他們過去都有和你類似的經驗，但是他們還沒準備好，或是不希望與你的父母、叔叔、伯伯或堂表兄弟姐妹完全結束關係。當然，你的斷絕聯繫說不定反而會促使他們也決定這麼做。

你的家人可能會為因為你做出斷絕聯繫的舉動而感到不悅，因為你破壞家庭和諧，還讓他們現在必須幫助對方走出陰霾。為了讓你知道你的舉動對家庭造成的傷害有多大，家人可能會做出一些極端的行為。例如，他們可能會一直纏著你，要你修復關係；他們可能也和你斷絕聯繫，要向你證明受傷的滋味很不好受；他們可能會替被斷絕聯繫的那個人傳話，或是不斷打電話、傳簡訊煩你；他們可能會在社群網站張貼快樂的家庭合照，或是以電子郵件傳送照片，讓你知道你錯過多少美好的時光。如果發生這種事，最好的辦法就是取消追蹤他們的動態，並且對電子郵件置之不理。

其他家人可能會因各種原因而批評你。例如，因為你對家人下達最後通牒，告訴他們如果再不改變的話，就要和他們一刀兩斷；你沒有要他們改變，而是直接切斷與他們的聯繫，也有可能招致批評；用寫信的方式，而沒有面對面斷絕聯繫，其他家人也有可能會說你冷酷無情；或是其他的家族成員，可能會因為你和某一位家人斷絕聯繫就因此冷落你。他們是你的家人，而你不可能逃避所有的家人（至少在大多數的時候並不可能）。即使你能做到，你究竟傷害了誰？答案就是你自己。

真實案例：如果主動聯絡，就代表我輸了

「我爸在第二次世界大戰剛結束時，出生於德國的一個拘留營。後來，他搬到紐約，長大變成警察。在我十一歲時，詢問媽媽是否和爸爸相愛。我媽回答得很迂迴，但基本上就是一個否定的答案。我爸去工作時，我媽和我甚至會一起坐在客廳，祈禱他在執勤時被槍殺。

我後來才知道，我媽之所以不離開我爸，是因為我爸威脅她，如果敢離開的話就會殺了她。因為他在警界工作，促使我媽相信他不可能會被逮捕。

最後，我媽還是選擇離開了。在離婚協議期間，我要一直勸說我爸，讓他覺得一切都沒事。我媽搬來和我住了一陣子。離婚手續完成後，我和我妹都沒有再與我爸說過話，這件事根本就不用想也能知道。幾個月後，我爸聯絡我。我寫了四頁的電子郵件，並且要他回答一些我非得知道答案的問題。結果，他一個問題也沒有回答。他說他很不會寫信，比較想要用說的。但是，我堅持要他回答那些問題，否則就不和他說話。從那時候起，我就再也沒有聽到他的消息了。我給了他三次機會，但是結果都一樣，而那已經是二〇〇五年的事了。

我妹晚我七年出生，所以我們並沒有非常親密。她和我爸的個性很像，都有易怒的問題。高中、大學以後，她就沒有什麼朋友了。她常和朋友絕交，是一個容易記恨的人。我總是覺得我妹就算少了我，也可以過得很好。壓垮駱駝的最後一根稻草是她沒有來替我接機的那一天，雖然我盡量選了一個方便她和她丈夫接機的時間抵達，但她卻還是沒來。那就是我們關係的終點。

我不喜歡記恨，但是只有這麼做才能改善我的生活。之所以無法原諒我爸，是因為他過去犯的那些過錯；之所以無法原諒我妹，是因為我覺得自己沒有必要屈服在她的傷害下。有一部分的我認為，如果跑去聯絡他們，尤其是我爸，那麼他就贏了。我的自尊心很高。說來難過，畢竟大家都說要懂得原諒，但是我覺得自己應該可以同時做到原諒我的爸爸和妹妹，卻又不繼續維持彼此的關係。」

——萊恩

家庭關係或許會讓人不開心，但是斷絕聯繫有時候也會附帶一些特殊條款，就是這些「犧牲」值得讓你偶爾面對已經斷絕聯繫的家人，特別是為了你很在乎的對象，你就能忍受這些不開心。例如，高齡九十歲的奶奶很希望所有的媳婦與孫女每個月都能找一天一起去探望她，妳或許就可以面帶微笑，忍受每個月一次和「惡魔」繼母相處；或是妳的妹妹要結婚了，她還會與爸爸說話，只是妳沒有，那麼妳或許可以想辦法為了她的重要日子忍一下，不要小題大作。

雖然你可能無法忍受繼續和父母相處，但是你無法決定孩子想不想和祖父母建立關係。可以請另一位家庭成員當中間人，讓你的孩子也能擁有與祖父母享受天倫之樂的機會；或是送孩子到父母家裡，之後再接他們回來，你在這兩次的短暫接觸中都能表現友好。總之，如果你並不是這段關係的其中一方，但是又必須牽涉其中，有時候忍讓一下，對其他人來說將會深具意義。

無論如何，如果其他家人想要勸你不要斷絕聯繫，你可以對他們說這些話：

一、我很愛你，但是這件事與你無關，我也不希望我們之間會因為這件事而有嫌隙。
二、我很願意和你談談這件事，但是請不要責怪或控訴我的決定。
三、為了自己，我必須這麼做，我也不想在這個過程中傷害你。
四、這是我自己的事。
五、我願意給你空間，讓你慢慢接受這件事。等你準備好接受我的決定時，我很願意和你聊聊。

處理與家人之間的問題，最好的方式就是先處理好自己的問題。首先，面對家人的指控，或是當家人堅持要你和你的依附情感對象想辦法結束這場「愚蠢的爭執」時，觀察自己做出什麼反應。

一旦產生自我意識，明白自己做出的反應，就可以知道自己的情緒是否會影響到斷絕聯繫，如果答案是肯定的，又會怎麼影響。你也必須想辦法讓自己堅持下去。上健身房、練習瑜伽或冥想都能讓你在這個胡思亂想的時期保持冷靜。在斷絕關係的期間養成寫日記的習慣，可以讓你更清楚自己在整個過程的感受，也能讓你持續掌控自己的感覺和思緒。

其實，結束一段讓你一輩子痛苦、沮喪、恐懼或憤怒的關係，你說不定是輕鬆、喜悅或興奮的。如果真的這麼想就太棒了，只不過和家人斷絕關係往往還是會令人悲傷難受。畢竟，你曾經以為會永遠存在的，現在卻已不在。

被斷絕關係的那一方能怎麼做？

在本章中，我訪問身為親子疏離的專家，並且著有《是誰傷了父母？：傷心父母的療癒書》的柯曼博士。雖然他給的這些建議是關於孩子與主要依附情感對象的斷絕聯繫，但卻適用於任何的親屬關係。

一、成年子女有時候需要有自己的空間，才能成長和改變；有時候，他們就只是覺得必須分離。不管是哪一種，給予孩子空間對於他們的個人發展是很有用的。

二、尊重孩子。認真傾聽，並且對孩子想要說的話感興趣。若看得出來他們渴望改變，是因為想要促進自我成長，雙方未來便有可能更親近。

三、倘若你的家人決定和你切斷聯繫，請展現同理心。對他們說：「顯然這是你所需要的，我不希望你因此感到愧疚，因為我知道你覺得這對自己是最好的，否則你絕對不會這麼做。如果準備好了，願意再次聯繫的話，我會在這裡迎接你，家的大門永遠為你敞開。針對你悲傷和難過的原因，如果我還有尚未提及的部分，請讓我知道。」

四、坦然接受真相的核心：你有你需要解決的問題。

五、如果孩子已經成年，試著不要聯繫他們；但是，如果他們未成年，你就應該持續嘗試聯繫，因為他們很有可能會受到更大的力量操控。

第七章
從團體或社群中抽身

不管你是怎麼離開社群的，
外面總會有一個全新的世界等著你，
可以為你帶來希望、啟發及慰藉。
因為社群無處不在，甚至可能就在你家門口……

一九一五年，教授暨社會學家查爾斯・約西亞・加爾平（Charles Josiah Galpin）首次創造「社區」（community，亦可譯為「社群」）這個名詞。我敢說他當時一定沒有想到這個詞彙會衍生出這麼多不同的概念（加爾平最初的定義是和農村社區的社會結構有關）[1]。如今，社區的種類很多，大小不一、性質各異。例如，美國佛羅里達州的吉柏森鎮（Gibsonton，又稱為「吉柏鎮」（Gibtown））就是一個特殊的社區。這個社區曾因為居住不少退休的畸形秀（freak show）表演者而聲名大噪，包括「龍蝦手男孩」（Lobster Boy）、「巨人艾爾」（Al the Giant）及「半身女孩晶妮」（Jeanie the Half Girl）。

位於埃及開羅曼斯也尼沙（Manshiyat Naser）末端的「垃圾之城」（Garbage City）也是一個社區。這個社區是開羅最大的拾荒者聚落，沒錯，他們的工作就是撿拾垃圾。另外，美國加州南部的建板之城（Slab City）則是一個充滿末日後思想的藝術社區。

我很喜歡參加各種社群團體，就曾參加一些性教育者的團體，例如：舊金山性教育資訊協會（San Francisco Sex Information）和美國性教育師、諮詢師及治療師聯合協會（American Association of Sex Educators Counselors and Therapists, AASECT）。我也加入一個每年固定會到沙漠裡，花費幾週的時間一起建造城市，再花幾個狂歡的晚上把一切燒光的團體，這個團體稱為「燃燒人」（Burning Man），而團體成員則被稱為「燃燒者」（Burners）。但是，這個活動絕不只是建造與燒毀這麼簡單，而是具有更深層的意涵。我也喜歡涉足一些新手媽咪、登山健行或騎腳踏車的團體。

當然，社區也可以指某個特定的地理位置。例如，聖塔克魯茲山脈的居民就是屬於同一個社區。社群也可以是住在同一棟建築物或複合式建築物的團體，像是老人之家，或是任何一個擁有相同出入口的建築群。社區也能指涉一個城鎮、縣市、國家或整個宇宙。社群可以是和你主修同樣領域的班級，或是剛好住在同一間寢室的室友；社群也可以是姊妹會或兄弟會，或其他任何一個基於相同興趣與利益而聚集在一起的團體。

社群也可能帶有宗教性質，像是加入同一個教會、寺廟或清真寺；社群可能和你所信仰的神或你不信仰的神有關；社群也有可能與你的膚色，或你所誕生的世代有關。

社群還有可能和共同的目標有關，像戒酒無名會（Alcoholics Anonymous）就是一個為了幫助那些需要遠離酒精的人所成立的團體；社群可能帶有社會性質，像是一群喜歡裝扮成小丑的戀物癖者，就有可能會加入某個小丑扮演團體；喜歡戴著紅帽、穿上紫色服飾的人，或許是在炫耀自己是紅帽協會（Red Hat Society）的成員。

有些社群的性質可能很黑暗，像是崇拜某個領袖或信念的祕密組織。這類社群就像是邪教團體，總是操弄會員的思想。參加這類團體雖然容易，但是一旦加入，就會讓人覺得無法脫身。

社群，一個讓你被了解與被接受的地方

社群是一個共同體，我們相信其中的每位成員，並且支持他們。我們常將社群視為「我們的族群」，因為我們擁有相同的興趣或共同的目標。通常，這些人能幫助我們強化自我認同；讓我們共享一致的目標或利益；幫助我們，使我們覺得安心、受到支持與關懷。也就是如果生活不順遂，社群會幫助我們保持堅強。對於社群的個別成員，我們會將他們稱為朋友、兄弟姊妹或是其他親暱的名稱，表示他們與我們十分親近。做為一個共同體，他們對我們來說還不只這樣。我們生病時，他們會一起送食物、帶我們去看醫生，或是待在我們身邊，讓我們不覺得孤單；經濟困窘時，他們會號召大家幫我們籌錢；需要尋找舉辦派對的地點時，他們會運用手上的資源幫我們找場地。

社群重視成員，就如同成員重視社群。社群會讓我們產生許多的感受和情緒，包括奉獻、夥伴、互助、獨立、歸屬、相互依存、連結與自主。社群使我們達到獨立自主與合作互助之間的平衡。你的原生家庭、學校，甚至你自己的身體，或許會讓你感到格格不入，但是若找到屬於你的社群，你就會覺得自己找到一個家，一個被了解也被接受的地方。

另一方面，社群也有可能是共依存的來源之一，使我們與外界隔絕。更甚者，社群變成我們唯一的資訊來源、扭曲我們的價值觀，這可能會讓我們開始懷疑自己身為一個個體的意義。當這種事發生時，社群就會漸趨式微。

但是，我們仍然期待社群能讓我們發光發熱。有了社群，我們可以提振精神、感受共同連結、展現支持、自我成長、挑戰自我思考，並且擁有大量的愛與善意。當這種連結開始失效時，我們會覺得自己失去方向、充滿孤獨，甚至完全毀了。當社群不再支撐我們的信念、想法及經歷時，我們會感到非常迷惘，必須花費很長一段時間，才能找到另一個正向出口支持我們。

社群的概念比個體大，也比家庭、朋友、同事還大；社群或許是我們在這個世界上所能依附的關係中最大的一個。當這麼大的一個事物毀滅時，會讓我們覺得自己極為渺小、毫不重要，所以不確定下一步該往哪裡走。

要和社群或團體告別非常困難。然而，繼續待在一個不適合你的社群其實更加困難。

與宗教或性靈團體告別

「我離開了教會。我嘀咕地說著人會改變、我需要一些不一樣的事物、我需要離開一下後某天才能再回來，我說我需要找回自我，才不會有一天死在小圈圈之中，或是最後變得與上帝互相憎恨厭惡。我很希望上帝叫我別走；我很希望上帝答應我，一切會變好的；

我很希望上帝求我回到祂的身邊。可是上帝什麼也沒說。所以，我和上帝告別了。我告別時一點也不溫柔，我說：『這不是我的錯，都是祢。』」

——莎拉．森德拉（Sarah Sentilles），作家，《與上帝分手》（*Breaking Up with God*）2

如果你信教，或你出生就是隸屬於某個宗教團體，你很有可能遲早會挑戰這個宗教的某些所做所為。在你的一生中，必定會有質疑自己為什麼會繼續信教的時候。原因有很多：你會質疑這個宗教出現在你的生命中具有何種目的；你會質疑這個宗教的社會或政治立場；你會質疑這個宗教做事為何從來不用，或是從來只用某種方式；你會質疑這個宗教值不值得讓你花這麼多的時間與金錢。

人們或許會鼓勵你尋求團體的支持，來釐清疑惑並找到解答。但是，你得自行決定上帝或其他性靈的本體對你來說究竟有什麼意義。

如果你能解開疑惑，並且繼續待在這個宗教組織裡，就再好不過了；然而，如果你覺得是時候尋找其他的信仰團體，或是你根本不想再接觸性靈方面的社群，你很有可能會經歷一段省思與排斥的過程。

當你希望做出是否該屏棄宗教的抉擇時，宗教的影響將會充斥在你的心中，讓你更難以下定決心，不再堅持。你可能會受到宗教的恐嚇戰術所影響，讓你覺得這個團體的言行才是真理。別人可能會說，脫離這個宗教不是基督的作為、不是佛陀的作風、不是謹慎的做法，也不在上帝的安排內。你可能會聽別人說，一旦背離上帝，你將無法上天堂（雖然你不見得相信這個說法）；也有可能聽說，真正虔誠的信徒無論經歷好壞都會堅守信仰。和你的宗教告別，不僅容易背負罪名，也是極其難以做出的抉擇。

根據皮尤研究中心（Pew Research Center）的調查，約五分之一的美國人並未加入任何的宗教組織。這包含一千三百萬自稱是無神論者和不可知論者的人，以及將近三千三百萬選擇退出特定宗教組織的人[3]。

如何告別一個十分投入的團體

和宗教信仰告別不是只有脫離信仰而已，你也脫離了那些抱持相同信仰的人們；也就是只能透過宗教的眼光來看世界的那群人，可能再也無法認同你這個人。虔誠的家人和朋友有可能會認為你在考驗他們信教的能力，或是質疑你能否繼續了解他們的想法。無論如何，如果你的社群與家庭同樣信奉這個宗教，與宗教告別可能會導致上述的關係破裂。有些人會認為，你應該把教會擺在自我之上，而他們的這番話語會讓你懷疑自己的感受和想法。然而，唯有你的直覺才能告訴你，什麼適合你，而什麼不適合你。所以，要跟隨你的直覺。

有時，和宗教告別並不表示要和所有信奉這個宗教的人切斷關係。音樂電視台（MTV）的節目《真實人生》（*True Life*）最近一集播出的內容，便是關於一位牧師的兒子南森是如何離開基督教會、潛心研究佛教，但卻沒有脫離基督教家庭的故事。

無論結局是好是壞，時間都將治癒一切。離開教會或其他宗教信仰就像離開一段婚姻，而某種程度上來說也的確如此。你和基督教中的上帝、佛教中的佛陀或印度教中的黑天結合，承諾奉獻自我，而現在卻要打破誓言。當你離開宗教時，可能會覺得無比空虛，並對未來感到害怕。這些都會好轉的，讓生活中充滿支持你的人們、支持團體、新興趣、新活動及朋友，讓你的身心靈不停忙碌，就能為下一個長久的宗教關係另闢蹊徑，你將得以在一個全新的關係上再度奉獻自我。那種感覺真的很好。

尋求客觀的支持

做出重大決定的時候，你不必孤軍奮鬥。找一個了解你的社群，以及在你解釋自己的想法和感受時能保持客觀的人，他們可以幫助你找出究竟該做什麼，又該怎麼做。這個人必須答應要敞開心胸、以同理心傾聽，並且接受你所做的任何決定。他可能是你的朋友，雖然沒有加入教會，但卻很清楚教會對你的意義；也可能是心理治療師或身心靈諮商專家。不要一下子就宣揚自己的想法。針對那些試圖說服你的人，你要晚一點再告訴他們，或是等到你已經做出決定後再和他們說。

列出好壞清單

列出留下與離開的好處和壞處。在與朋友或先前的教會成員談論這件事時，要先把清單準備好，放在身邊。這表示你真的有好好想過這個決定，也讓大家知道你的選擇已經經過深思熟慮。

寫信說出自己的感受

有時候，要和一大群人說再見，寫信是最簡單的方式。在信件中無須解釋太多細節（至少有些教會並不會這樣要求），就能讓他們知道你必須暫時離開信仰。此外，感謝他們曾經陪伴自己。如果想要詳細一點，就把離開的原因闡述清楚。倘若離開是因為價值觀不同，就讓他們知道你不認同的地方，這樣他們未來或許就會重新思考那些問題；倘若你覺得有一股神祕的力量在召喚你，要你尋求其他宗教或性靈團體，就讓他們知道，如此一來，他們才能放你去追尋你想前往的道路。教會可能會希望你回頭，但是你得自己做出決定。

要求進行退出面談

如果你覺得自己欠教會的一切不足以用一封信來結束，因為你曾經是那麼活躍，或者你覺得面談是最好的辦法，就要求進行一次告別面談。然而，不要期望退出會很輕鬆愉快。因為即使一切都做對了，而且說再見讓你很開心，面談也有可能會一敗塗地，特別是對方覺得遭受批判時。沒有人會喜歡別人告訴他們，他們的理念是錯的。不過，有些人或許會很羨慕你，因為你有勇氣堅持自己的想法。

最重要的是，要對自己的選擇懷抱信心，並且堅持信念。只要堅持信念，你在一切結束後就能感到無比自由。每當懷疑自我的時候，重複這句真言：「我的理由相當正當且合理。」

切斷連結之後

說完該說的話之後，就要切斷與教會的一切連結。如果你的朋友或家人仍然在該宗教組織裡十分活躍，你可能要和他們討論與你聊宗教話題的界線所在。你們可以暫時中止關於宗教信仰的話題長達一年，等到傷口較為癒合後，再看看閒聊這些事物是否仍言之過早。為了避免話題真的會帶到宗教方面，你要事先想好應對方式來擺脫。離開現場前，說一句簡單的「失陪」，就能傳達你想表示的意思。

如果離開團體讓其他人覺得非常嚴重，就讓他們這樣想。利用分離的機會尋找你的獨立自我。結交新朋友，或是至少多花時間在新事物上。你可能無法保住老朋友，就和他們保持一點距離。與原先團體中的一部分人重新取得聯繫之前，務必建立你的自我價值。去尋找一些可以讓你敞開心胸，並且尋覓自我需求的新朋友。

在這段尋覓的過程中，你可能會需要一個自我省思的新出口，像是某件令你覺得十分性靈的事物。對某些人來說，冥想和瑜伽就很有效，這些活動可以讓你與自己的身體保持連結，回應更高層次的性靈召喚；新的儀式也能代替舊的宗教；參加合唱團也有助於活絡性靈；「五韻」舞蹈團體（Five Rhythms）也很不錯，這是一個藉由跳舞和律動來超越自我身心的社群；你也可以參加像美國大哥大姐會（Big Brothers Big Sisters of America）這類的組織，從事志工活動，讓你感覺自己是在服務更高層次的存在；信仰新宗教也能幫助你填補舊宗教所留下的空缺。當然，你不需要永遠離開你的教會、寺廟或其他宗教團體。但是，你必須敞開心胸來尋找自己的路，這樣才能找到內在的真理。

真實案例：當內心無法取得妥協

「我的母親出生於一個小鎮，從小就是美南浸信會的教徒。這個小鎮有兩、三個教會，各自的教派都不一樣。

我不是在那個城鎮長大的，但是若遇重大節日或不定期的造訪時，我都必須到那座教堂參加禮拜。我會固定上聖經課，甚至還參加聖經夏令營。大約十二、三歲時，我有了成為神職人員的念頭，但是我從來沒有下定決心，因為我的教會並不認為女性可以領導宗教團體。

我最喜歡這個宗教的一點，就是這個信仰堅信所有的苦難與折磨都是其來有自，而且回報就在眼前。我很喜歡美南浸信會的講道，因為這個世界被講述得充滿驚奇。在地獄的各種磨難後，隨之而來的便是對上帝恩典的慶祝與感恩。

但是，我因為性而離開了基督教，正確來說是離開了美南浸信會。第一次性行為後，我哭了兩個小時，因為我打破與上帝的誓言。我一向都不喜歡會讓我討厭自己的事物。所以，我決定要找出自己是否真的願意戒除性這件事，還是必須重新思考我的信仰。我的越軌行為（指性行為）持續一陣子，因為我相信《舊約》的觀點過時了，做愛其實並沒有什麼。但是後來，我認識第一個同性戀朋友。我的宗教告訴我，同性戀是不被接受的。我的母親說同性戀是很自然的，就像上帝創造的一切一樣，就連原罪也是自然的。然而，身為有道德的基督徒，我們的任務就是要避開『肉體的罪』，而那就是在說我。我覺得人類應該戒除自然生理衝動的概念並不正確，所以在我的心裡完全無法妥協。再者，我的年輕牧師顯然也背叛了他的妻子，他在週日的禮拜上公開說明，為自己的失職向教會致歉。

於是，我就離開了。

我悄悄地離開。當時，我正值青少年時期，而很多的青少年都不常上教堂。兩年後，我下定決心脫離這個宗教。我告訴我的母親。我的母親哭著說道：『我很難過，因為在我死後去見救主時，我沒有一個家人會在那裡。』我的父親也不信教，他被耶和華見證人（Jehovah's Witnesses）的王國聚會所（Kingdom Hall）開除了。

在這個過程中，我學到真正的接受是要同時接受較保守和較開放的信仰。我仍然認為信仰是一件美麗的事物，也有很多好朋友是虔誠的教徒。我有時候會很羨慕他們。」

——愛普莉兒

真實案例：掛在一條靠不住的繩索上

「我在因緣際會下，於摩門教會長大。我很喜歡自己對這個宗教已知的一切，每週日，我都會搭公車上教堂。我會站在講道壇後說出我的見證，證明這個教會是唯一真正的教會。我會唱詩，從銀餐盤中拿取基督的聖血和聖體來吃。那些長老在我的眼中似乎永遠是對的，他們穿著乾淨俐落的白色上衣，名牌別得不歪不斜，是我心目中真正的英雄，我很希望有一天追隨他們的腳步。這些後期聖徒（Latter Day Saints, LDS）象徵著世上一切美好的事物。在這個充滿陽光照耀的教會內，我學到許多東西，造就今日的我。

疑惑的種子之所以會開始在我的心中滋長，是因為有一天我站在教會的廳堂，聽見我很尊敬的兩個人在聊天。其中一人對著另外一人說：『演化論太可笑了，人類是從猿猴演化而來，這也太愚蠢了。誰能同時相信上帝又相信演化論呢？』他們繼續說著，但是我早已陷入沉思。我相信上帝，也相信演化論，但我卻從未想過兩者是完全矛盾的。十三歲的我遇到多麼困難的難題啊！教會告訴我們，為了愛神，我們的內心必須真正接受祂的存在，但是因為我很認同演化論，這就表示我無法相信祂。此後數年，我抓著所剩無幾的繩索，繼續信仰著我的宗教。但是，我就像一個攀岩者，掛在一條靠不住的繩索上，只能等著最後的一絡繩索斷裂，同時又希望繩索可以拯救我。我在這條繩索上懸掛二十多年，但它只是愈斷愈多。

當我發現我的教會積極做出一些反同志婚姻的行動時，那條繩子終於斷了。那些行動否認我的家人所擁有的關係，也否定我很喜歡的一些朋友。這些人為了對方犧牲奉獻，展現出身為人類最美好的一面，又怎麼會有人去否定這些人的愛與權利？

我最後一次走進教會，是為了發表一封十頁的信。這封信是寫給教會執事們的，我要藉由這封信和他們說再見，並且解釋離開的原因。我不想與任何人爭論，只是想要留給他們一件東西，讓他們好好想一想，甚至從中學習。他們已經永遠失去了我，那是他們的悲劇、他們的罪過。

雖然這個教會教會我許多好的事情，但是不好的部分卻令人無法忍受，也完全和教會曾教我的事情背道而馳。種族歧視、偏見、貪婪、虛偽、不尊重他人、憎恨及愚昧，這些都是人道、性靈與善心真正的敵人，沒有任何神祇或宗教會否認這一點，也不應該否認。」

——史考特

真實案例：我不需要為任何人負責

「我的家族四代以來都是耶和華見證人（父母兩邊都是）的成員。我出生後就是耶和華見證人的一員，直到二十七歲為止。我很喜歡信徒之間的情誼，大家都像是一家人。

我之所以會離開，是因為我的人生出了差錯。而我不知道錯在哪裡，所以便拋下一切——我的丈夫、我的教會和我的工作。我沒有再回去，是因為我發現那些掌權者針對教條所說的謊言，還試圖使謊言永久存在。

耶和華見證人有所謂的司法委員會，你可以向他們『認罪』，他們便會決定你是否應該被『開除』。如果想要重新回到教會，他們也會看你是否悔改，決定你是否可以『復職』。我自己跑去向長老自首，因為我覺得自己不值得繼續留下，上帝應該懲罰我，讓我被開除。司法委員會開除我，但是在尚未向會眾正式宣布前，我就親口告訴我的父母這件事。如今，教會中沒有任何一個人被准許和我說話。我的父母偶爾與我說話，但都只是因為想知道我的孩子過得如何；我的親兄弟根本完全不和我說話；所有的『朋友』也都與我切斷聯繫，除了那些和我一樣離開教會的人以外。

離開時，我變得完全不相信任何人。當時，我還沒有從生活的一切轉變中恢復。之所以能開始復元，是因為有一個人把我帶進他的家庭。我花費好幾年的時間，才和現在的『家人』建立友誼。

離開後，我認識了自己。身為耶和華見證人，別人會教你該思考什麼、如何做事、該穿什麼、該和誰說話，以及可以看什麼與聽什麼。若不遵守，就離開。對這些人而言，外表是一切的一切。大多數的耶和華見證人都過著雙重人生。當你發現人生一直活在謊言之中，就只能從根本開始重建。心理治療挽救了我的理智。我學習到自己可以為自己的人生訂立規則，我不需要遵守社會或其他宗教信徒的說法。我可以掌握自己的道德觀，而且我不需要對任何人負責。」

——珍妮特

與邪教告別的方法

「邪教」（cult）在英文裡原本用來指稱許多不同的宗教團體，但現在主要是指一些小型的獨立宗派，且其信仰比一般宗教還要怪誕。邪教通常會信奉一個特定的人物、物體或理念。有些人認為所有的宗教都屬於這種團體，但邪教通常是比宗教還要極端的版本。邪教利用信徒的心靈，有時更會透過心理操弄來剝削成員的金錢。邪教要求信徒展現忠誠，並且聽命於領袖。有一些邪教甚至期望成員奉獻生命，為他們的理念赴死，像是天堂之門（Heaven's Gate）與人民聖殿農業計畫〔Peoples Temple Agricultural Project，又稱為瓊斯鎮（Jonestown）〕。

邪教通常很不健康，會讓你感到焦慮又依賴。不過，如果用在對的時間和地點，有些人會把這種團體當作健康的方法，用來認識自己生命的各個層面。我有時會加入這類團體，當然並不是那種索命的恐怖邪教，而是那種會向你募款的團體，並且要你幫忙宣揚，讓大家知道有這個行善團體的存在。我喜歡這種組織，因為每次接觸這類組織，我都可以多認識自己一點。但是，我會保證自己有一天能順利離開，而我也總是這麼做。可是當你希望離開，組織卻要你不准離開時，你就必須想辦法脫離。

思想改造是一種控制思想的方法，能有效地讓信徒不去質疑社群以外的生活。控制住思想便能輕易控制住行動。於是，你變成活生生的傀儡，受到某位領袖操控。

在離開這類極端的邪教後，你必須找專家諮商。這位專家需要受過相關訓練，幫助你揚棄邪教灌輸的信念，他們可以幫你處理創傷後壓力失調症，並且協助你找回自尊。不管你對離開邪教有什麼想法，告別邪教並不是一件容易的事。網路和面對面諮商的資源有很多，都可以讓你好轉。

「如果直接要求加入邪教的人退出，只會把他們推得更遠。有一個方法對我來說一直很有用，就是人們不要表現出被我嚇到的樣子。我曾經在麥當勞（McDonald's）工作過，我很喜歡告訴同事一些有關『上主』的事情。他們會說：『噢，是喔！很酷！不錯。你週五晚上有沒有空？我們要舉辦一個營火派對，你能來的話就太好了。』所以，不要說服別人離開，而是應該提供一些更吸引人的選項，才能接近他們。」

——莎拉，曾為邪教一員

尋求外界幫助

離開邪教挑戰你的社群意識和自我認同，所以你必須尋求外界的協助，像是家人、朋友或網路上一些與你經驗相似的人們。國際邪教研究協會（International Cultic Studies Association, ICSA）就是這方面的權威，旨在幫助那些希望脫離「高度控制操弄身心團體」的人們。從一九七九年起，便開始提供各種協助和服務（www.icsahome.com）。

如果可以的話，仔細列出一些你想要聊聊這個問題的人，然後開始一一去找他們，看看他們能否幫得上忙。不要求助那些在你還沒有準備公諸於世前，就可能會洩密或說溜嘴的人。你可以去找心理治療師，或是真的沒辦法時，也可以找找看每次去雜貨店都對你很友善的那個好人。你也應該在清單上列出值得信賴的法律諮詢專家，以防萬一。去看醫生，檢查自己的生理與心理健康。擬定離開團體之後可以居住的地方。如果你有自己的家，那個家還安全嗎？

直接脫身而出

以面對面的方式結束與邪教的關係有時可能會很困難。雖然這是最勇敢的做法，但卻可能會導致可怕的後果。不要當面告訴整個團體，而是把這個消息透露給其中的一位成員就好。選擇在中立的公開場合見面，讓你可以把這件事告訴他們，同時不會感到危險。若需要後援，可以找朋友一起去。說完後，就讓該成員回去告知整個團體。

你也可以試試打電話或寫信。這些方法讓你可以詳細表達想要說的話，同時又能夠保持一些距離。若是寫信的話，對方可以選擇在整個團體面前大聲唸出來，讓每個人知道你的感受，或是只讓領導階層看到就好。

前邪教成員所提供的脫離建議

保羅．葛洛斯華（Paul Grosswald）曾經加入邪教，後來變成一位專門處理邪教相關訴訟的律師。他分享一些離開邪教的祕訣：

「**直覺就是問題意識的開始**。加入邪教讓我必須壓抑自己的疑惑，使我覺得一切都是自己的問題，而不是組織的問題。他們就是這樣讓我忽視那些不好的事，這種心態很危險。如果你對社群有所質疑，請相信直覺。產生疑問就表示哪裡出錯了。

思想控制和壓抑也是一種暴力。邪教把我當成垃圾一樣地對待，但我還是決心回到組織裡。我把他們對我的責怪轉而責怪我的父母親，因為他們當時積極地想要幫助我脫離那裡。

尋求幫助。若是沒有諮詢專家的幫助，我不曉得能否說服自己離開。所以，去找專家和諮商。不是隨便的諮商，而是真的了解邪教機制、能幫助你脫離的諮商。這類諮商專家可以介入其中，協助你離開邪教。他會告訴你，你的理性哪裡出錯了，並且提供給你另一個看待人生的觀點和方式。你可以透過邪教復原網路（http://www.culteducation.com/directory.html）找到諮商，或是請別人推薦。你得讓自己脫離邪教的意識型態，但若沒有專業的協助，這幾乎不可能做到[4]。」

如果選擇打電話，可以事先寫下你想說的細節，並且在過程中聚焦重點；如果不敢親白打電話，可以請非信徒的家人、朋友或是任何能夠幫助你的人幫你打。他們可以替你轉達訊息，讓你在脫離時與對方保持距離。

要脫離很困難。雖然人間蒸發在結束多數的人際關係時，並不是最好的辦法，但在這種情況下或許是最可行的選項，尤其當你連離開這個團體都不敢的時候更是如此。只不過，還是應該尋求邪教方面的諮商專家，讓他幫助你脫離組織、不再回頭。

邪教成員很有可能試圖勸你回到組織，所以你需要與他們保持距離。你沒有必要回覆他們的信件或電話，但是如果真的要回覆，就發出簡短的訊息，請他們永遠別再聯絡你，或是你也可以請朋友幫你傳遞訊息。

記錄對方每一次聯繫你的時間和你的回覆。每個國家都有相關的騷擾防治法規，這些法規賦予人民的保護非常完善，可能還會讓你嚇一跳。

最終，你要參加其他正向的團體，取代邪教的地位。你可以有意識地選擇要加入什麼組織，還有要和誰成為朋友，因為你已經重新掌控自己的人生。

真實案例：失控的表現，讓他們主動把我踢出組織

「我的父母在一九七〇年認識朱利斯弟兄。當時，我的父母正在探索許多宗教性靈的事物，他們聽說這個人專門幫忙別人受洗，自稱是施洗者約翰轉世，這是在他決定自己其實是耶穌轉世之前的事。所以，我的父母加入這個邪教，而我出生就是成員之一，別無選擇。朱利斯弟兄和大衛．考雷什（David Koresh，譯注：美國另一個邪教組織的領袖，組織成員信奉大衛教，領袖採用軍事統治，並且購買大量武器，要求教徒做好末日之戰的赴死準備）所灌輸的觀念差不多，他們都是充滿罪惡的救主。他不僅過胖，而且一點也不完美，卻將這些都歸因於某個神聖的理由。

我在二十歲時被踢出組織，因為我不斷踩底線，一直無法真正融入組織。雖然我相信朱利斯弟兄就是上帝，但卻老是表現不好，我就是忍不住。

有一天，我被叫去參加性靈諮商會，但是沒有帶著聖經，這是天大的忌諱。每個教徒都把聖經看得像神一樣，總是隨身攜帶。但是，我因為工作一整天，所以忘記攜帶聖經。這是第一次出問題。他們蒐集很多我的私人資料，所以他們對我從事的活動、交往的對象全部都瞭若指掌，而這些事都不被他們接受。我與別人牽手，甚至和教會內外的男生

都接過吻，所以我就被踢出組織了。

我一直很想要當面發生衝突，但是卻從未等到。如果我夠強大的話，正面衝突一定會很好，但其實我並不確定自己是否有那麼強大。所以，對我來說，事情能這樣結束或許是好的。否則，我說不定會在後悔一陣子之後，等他們願意再度接納我時就回頭了。他們總有一天會想要讓我回去。不過，我的離去促使我的堂妹也跟著離開了，因為她以為我是自願脫離的，所以她覺得她也有脫離的力量。我真的滿開心的。」

——莎菈

真實案例：離開教會，卻認識更大的世界

「我離開了教會。我不想被控制心靈，也不想受到剝削，不管是心理上或金錢上都一樣。佈道的時候，他們有時會說：『你們有離去的自由，所有的門都沒有鎖上。』雖然他們說得沒錯，但是他們也很清楚，基於一些心理層面的原因，人們『不需要』被鎖在裡面，就會乖乖待著。

於是，我離開了。我避開教會領袖接二連三的騷擾，他們一直試圖和我『團結』，以便操

控我。我去找曾經被逐出教會的朋友，尋求他們的協助。幾週過後，教會領袖就已經放棄打電話給我，還有想替我安排會面，因為我一律拒絕回應。我開始大量寫作、閱讀及思考。此外，我找過社工、看過醫生、嘗試新嗜好，並且重新聯繫那些因為邪教而害我失去的朋友們。

我並沒有記錄自己離開教會壓制的過程。我有使用網路，但是當時 YouTube 還沒出現（我製作一支關於離開教會的影片）。不過，我倒是找到『無神論者的遠神論與不可知論教會』（Apathetic and Agnostic Church of Atheism）之類的團體。現在，網路上有許多關於放棄信仰的資訊，真的非常有趣。

我覺得特別有趣的概念是，有些人在離開教會後，對真實世界的樣貌其實不太認識。因為當你加入教會時，就像身處與世隔絕的社群，這個社群充滿焦慮依賴。如果離開教會，也就會離開這個社群。我很幸運，因為我和我的丈夫一起離開了，他本來就不怎麼相信這些，在我們一起離開後，他仍然真切地愛著我。並非每個人都如此，在教會裡人生的每個層面都會受到控制，所以要一個人拋棄腦海中這些特定的劇本，真的很困難。」

——麗莎

真實案例：唯有自己可以拯救自己

「我和一群性靈導師告別了，他們喜歡把自己當成玄學領域的頂尖專家。當時，我真的覺得自己找到人生的道路與生命的目的，直到有一天，我終於體認到這是上層控制下層的金字塔陰謀。他們的治療課程和工作坊都要收好幾萬美元，你要參加這些活動才能獲得特定治療的『認證』。

發現這件事後，我就不再和團體中的任何人說話了。成員不斷打電話給我，連續打了好幾週，想要引誘我回頭。他們說，我被負面的自我妨礙了。後來，我索性忽略那些電話，也不再參加那些成員可能會出席的活動。

我很想念社群的感覺，還有那種強烈的『精神高昂』感受，以及覺得自己擁有崇高理想的念頭。所以，我有一段時間喝了很多的酒，甚至還吃了一陣子的抗憂鬱藥。我覺得自我變得支離破碎，我不知道自己是誰，或現實又是什麼。最後，我和朋友妥協了。他們一開始就認為，我加入那個團體簡直是瘋了。於是，我又開始練習瑜伽、從事登山及攀岩的活動。積極參與各種活動真的助益很大。

我學到自己才是自己的導師，唯一可以拯救自我的就是自己。我學到其實我並不需要尋找什麼『崇高的理想』。我只需要找到可以讓我覺得充實活著的事物，剩下的一切就會自動來到我的生命中。」

——席亞拉

告別社群網站

社群網站改變我們和親朋好友互動的方式，並且大幅扭轉我們對社群（以及追蹤者）的定義。首先，朋友不一定是我們現實生活中認識的人，而追蹤者也不見得是指那些會實踐我們每一個字句的人。今天，我們的生活在虛擬世界裡看似很充實（圓不圓滿又另當別論）。

我們與社群網站的朋友分享自己的大小事，包括我們的想法和恐懼、希望與夢想，以及早餐、午餐和晚餐的照片。我們在網路上求救、請求原諒與建議。多虧社群網站，我才能找到人分享他們的真實案例。社群網站雖然是很棒的人際連結，但是也浪費我們一大堆的時間。社群網站可能會摧毀一段關係，因為我們誤解他人所張貼文章的內容、不滿某人抱持的觀點，或是因為某人會在我們背後偷偷與某人來往。大部分的人都不會在社群網站上與愛人提出分手（雖然有些人會因為社群網站而分手），但是我們的確會和各式各樣的人，特別是「朋友」，在認識彼此的同一個網站上結束這段關係。例如，這些朋友說了某些我們覺得非常冒犯的言論，像是種族歧視；或是我們看膩了他們一直張貼對耶穌基督或茶黨（Tea Party）有多熱愛的文章。有時，我們也會告別社群網站。當發現自己每天花費二十四個小時活在螢幕前面時，我們可能赫然發覺社群網站耗費太多的人生。我們可能決定不再上網，才能好好體驗生活。通常，這不過只是短暫的休息。所以，和虛擬世界宣告我們的暫時缺席，就顯得更加重要。

在刪除各大社群網站的個人資料以前，記得刊登最後一則貼文、推特、照片或訊息，讓你的社交圈知道你要暫時離開一下。畢竟，我們不可能隨時隨地和每個朋友交換最新的現況，如果一聲不響地離開，可能會讓許多朋友大驚小怪，以為你是針對他們，要和他們劃清界線。

暫時離開之前，想辦法告訴你的社交圈這個消息。這是常見的禮貌，也能確保你不在的期間內不會有人傳給你重要的訊息。

你是怎麼告別社群網站的？

「我曾數次暫時停止使用臉書。在停止使用前，我會貼文讓大家知道這件事。臉書真的是很可怕的癮頭，我總是會再回來這個世界。最難的一點在於，我的家鄉遠在三千英里外，所以這是我和親朋好友唯一的連結。」

「我刪除了我的帳號。大概離開五個月之久。沒對任何人說過，就直接按下刪除。而我再也沒有回去使用，現在完全不曉得這個帳號曾有的一切何在。」

「幾年前，我非常悲慟，決定脫離臉書一個月。我不想再看見任何壞消息。我告訴大家，我要暫時離開一下，有一天我會再回來。」

「每一年大齋期期間（Lent，**譯注：又稱四月齋，為基督教節日，是指復活節前的四十天**），我都會暫時停止上社群網站。這讓我有時間好好反思社群網站如何影響我的生活。我會利用這段時間重新探索我的生活周遭、與親朋好友實際相處、發明新的食譜、學會新的鉤針織法，並且思索著賜予我的許多恩惠。」

脫離其他團體或社群

因為共同利益或目標而成立的實體社群比網路社群還要悠久，它們的規定和規範並不像其他的邪教組織那麼激烈，不會要你盲目聽從，雖然有些團體的確會因為你這麼做而更喜歡你。你會接觸這些社群，可能是因為一些有組織的慶典團體，例如：前面提及的燃燒人、姊妹會與兄弟會，或是當地的作家團體。會離開這些團體，通常是因為你已經超越團體的目標，或是因為你純粹不想再做「某件事」或當「某種人」。

我在就讀大學時，通過姊妹會的入會考驗。那是一個很棒、很好玩又很優秀的姊妹會，但正是姊妹會的這個概念最後成為我離開的原因。我的確從姊妹會得到許多友誼，我在大學結識的一些好朋友就是我曾經以「姊妹」相稱的朋友。

除卻這些友誼與剛開始姊妹會帶給我的社交生活以外，我漸漸對這種成員限定的社團感到厭倦。因此，在澳洲就讀一學期後，我決定回到家鄉，體驗更獨立自主的大學生活。我的內心產生一種正義的思想，覺得投票選人是惡意、殘忍又不在乎他人的做法，我不想要成為讓其他女孩被拒絕入會的元凶之一。

我之所以會離開，是因為當時的會長（剛好是我的小妹）要我這麼做的，因為我拒絕投票。我還和在這個姊妹會結交的朋友聯繫，只是我不再與姊妹會有所關聯。現在想想，還真希望當時有和姊妹會正式道別，讓她們知道我的感受，這樣她們就能明白我的想法，而非透過他人訴說，進而形塑出一套自己的看法。但是，事情總之並沒有這麼發展。活到老，學到老。

你可能會因為加入某個團體，而結交一些志趣相投的朋友；你可能會脫離這個團體，但是仍然和團體中的成員做朋友。這種脫離可能會讓你覺得疏遠了整個團體，即使你仍和其中的某些成員有所往來亦然。與這些成員繼續往來，也可能會讓你很難建立從這個團體獨立的自我認同感。如果不是和團體的一切斷得一乾二淨，就是要對你選擇繼續往來的朋友們設立一些界線。例如，禁止談到這個團體。畢竟，如果你們只有這一項共同的話題，關係又要怎麼更進一步呢？

你們也可以約好在特定的時間，因為特定的目的見面，至少等你準備好談論原先的社群之前，可以選擇這麼做。例如，你只在每個月的第二個星期二晚上和團體中結交的朋友見面，聊一些無關社群的生活小事；或是可以一起參加讀書會，每個月只見一次。把話題轉移到另一件事，不再談論社群互動，可以幫助你與老朋友建立新的共同興趣。

如果你要和團體的一切斷得一乾二淨，方法其實就與結束其他的關係差不多。和那些你願意告知這個訊息的成員面對面說出你的決定；見面前，列出待在團體中的利弊，這樣才能說出你的重點；感謝他們帶給你一段美好的時光。即使你無法忘懷不好的回憶，若是沒有必要，不要把醜話說出來破壞場面的和諧。畢竟，你都要離開了。然而，若是你覺得這個團體有一些地方可以改善，就好好說出口。

如果無法面對面告別，永遠都有寫信或打電話這兩個選項。你可以打電話給團體的領袖、寄一封電子郵件給他們，或是直接寄給整個團體的人。讓他們知道你喜歡這個團體的哪些地方，以及你會離開的原因。如果願意收到團體的聯繫（特別是因為共同興趣而組成的團體），就可以留下你的電子郵件地址，讓他們能夠聯繫你。

如同我在其他章節中所說的，人間蒸發非常不好，尤其是對於你很喜歡其中的成員與組織宗旨，所以當初才會加入的團體來說，更不應該這麼做。就算只是一封電子郵件，你也應該說再見，這會比什麼也沒說就直接離開還要尊重他人。讓每個人都知道你再也不會在團體中出現，並且解釋你的理由。就算不為別的，也為將來如果不小心撞見對方時，不至於感到尷尬。

真實案例：尋找一個真正屬於自己的社團

「十三年前，我曾幫忙創立一個人體懸吊社團。我不是創辦人，而是在拍攝有關人體掛鉤懸吊的電影時，認識社團的創辦人。我們都很年輕，而且很明顯擁有某種連結，所以就開始約會了。那無疑是一段毒性關係。

但是，我真的很崇拜他。而他希望將這個人體懸吊社團變成整個人體改造世界中，最龐大、最厲害的一個。他也的確如償所願。我負責一些很枯燥的事務，像是成立組織、募集物資等。

我們分手之後，我有一年沒和他說過話。後來，他的祖母過世了。我很在乎他的祖母，所以前去參加葬禮。我們重新取得聯絡，不過這一次是以朋友的身分。

我又重新加入社團，開始從事全職訓練的工作，幫忙穿刺人體、處理血液和體液傳播的病原體、進行急救與心肺復甦、縫合傷口、訓練那些男性團員。這是一個全男性的社團，共有十個成員。幾年之後快速擴張，在許多州都成立分會。

這個社團中的人變成比家人還要親密的朋友。真的很難對其他沒有做過懸吊的外人說明從事人體懸吊這個活動；你必須體驗過懸吊，並且知道為什麼要做這件事，才能明白箇中意義，這件事無法用言語形容。

我一直都希望這個社團可以更有組織一些。我是一個支配性非常強的人。最終，我變成掌權者，負責管理整個社團，但是大家卻全盤否定我的意見，真的讓人非常火大。我猜，大概是因為我是女人。我選擇辭去職務，因為我的生活變得一團糟，而且我真的無法掌控這個難以控制的社團。後來，一切漸漸失序。

所以，我寫了一封正式的道別信，祝福大家一切都好。我告訴他們，我仍會參與重要活動，但是我再也不想舉辦活動了。沒有人對我的信做出任何反應。我與前任團長依然很親近，因為他當初誠實面對我想要離開的念頭，但是我並沒有再和其他成員往來。

我學習到的事情是，這個社團對他們的重要性與對我的重要性不同。雖然我失去這個大家庭，但是我也應該走出自己的舒適圈，去尋找屬於自己的社群。」

——貝拉．范德塔（Bella Vendetta）

真實案例：用不同的方式與社會產生連結

「加入戒酒無名會（譯注：戒酒無名會是一個會員互相幫忙戒掉酗酒問題的團體。在這個團體中，會員透過「十二個步驟」來改掉自己的飲酒習慣。新進會員必須去找一個成功完成這些步驟的會員做自己的「贊助人」，幫助自己戒酒）十五年後，我離開了。我一直都很喜歡在那裡認識的一些人，我有一些朋友真的因此熬過人生中的艱困時期，並且坦白說出他們遭遇的痛苦。有時候，這個地方存在一種我能感同身受的真實感。我們有許多共通點，都曾走出地獄、努力建設我們的人生。

最終發現自己漸漸遠離戒酒無名會，是因為我沒有參加聚會，也沒有贊助人。我覺得很愧疚，因為我並不想做其他會員都在做的事。我只是覺得那些事都很多餘，而我想要前進、成長，並且擁有不同的體驗。此外，我發現自己其實根本就不是酒鬼。雖然我的確曾經因為吸毒而搞砸自己的生活，但是被迫被當成酒鬼看待，讓我覺得自己好像真的有酗酒的問題。最近我的確喝過酒，但是世界並沒有因此崩塌，我也沒死，甚至就連嘔吐也沒有。對我來說，喝酒應該不是什麼嚴重的毛病。

我又找一個贊助人試了一次，因此更確定自己必須離開。她告訴我，我再這樣下去的話會死，而我的伴侶是很糟的傢伙，想要控制我。但是，事實上我的贊助人才是想要牢牢控制我的人。她要我去參加聚會，我就得去；她要我到她家『實踐戒酒步驟』，我就得去。於是，我就離開了戒酒無名會，以及我在那裡認識的朋友們。反正，那些人發現我沒有過著他們認為應該過的清醒生活，也就不再與我交談了。

現在，藉由瑜伽、與自然融為一體、冥想、具有正念，我已經能照顧好自己。我發現自己並不是那種喜歡參加社團的人，我很享受能自在思考和行動的感覺。我也發現，不論如何，我其實都具備著照顧好自己的本能。可笑的是，不再專注於『酗酒問題』上，反而讓我更能與他人連結。我更能覺察這個世界，知道應該如何用自己的方式對這個社會產生貢獻。」

——安琪拉

每個社群之外，都有一個新的團體等著你

要從一個對你來說等同於全世界（甚至實際上真的就是你的全世界）的團體離開，變成獨自一人和自己的想法與感受相處，是非常艱難的轉折。告別社群之後，學習平衡忙碌的生活與省思的時

間是極其重要的一件事。

寫日記，並且之後再回頭觀看，是幫助自己過渡到下一個階段的好方法。如果告別前就開始寫日記會更好，因為這樣你就可以重新看看當初的想法與念頭，知道自己如何會變成現在這樣。

給自己充沛的愛與尊重，做一些讓你感覺良好的事。上健身房鍛鍊身體；去跳舞；上一堂很棒的瑜伽課或延續成例行課程，都能幫助你認識自己；試著建立個人聖壇，讓你可以親眼看見單獨一人的社群是如何充滿力量又美好；做一個夢想拼貼版，讓你專注在未來的夢想。

聯絡老朋友，無論他們是否曾經加入你剛剛離開的社群都沒關係；看一場電影，把思緒帶離自己的故事中；計畫到沒去過的地方旅行，或是選擇一個可以重新與自己的根源產生連結的地方。記住：如果找不到適合自己的社群，你也可以建立自己的社群。我就曾經建立一個聚集許多堅強女性的團體，我精心挑選一些人加入我的「女神團體」。我們每個月會碰一次面，目的在於連結女性，並且從中找到力量。後來，這個團體變得太過社交、愛聊八卦，所以我們就解散了，變成一對一聚會。

不過，每當我需要支持的力量時，還是會想起這些女性。在團體解散後，我仍然未曾忘記從她們身上得到的活力。不管你是怎麼離開社群的，外面總會有一個全新的世界等著你，可以為你帶來希望、啟發及慰藉。因為社群無處不在，甚至可能就在你家門口。

被斷絕關係的那一方能怎麼做？

一、如果有人不贊同你的觀點，真的沒關係。我們每一個人相信的事情，一定都會有人不相信。因此，好好面對那位離開的成員觀點改變的事實。

二、你可能很想找回離開的成員，但是請給他們空間，讓他們去走自己的路。

三、發現自己一直對離開的成員步步進逼時，探索你的內心，想一想你為什麼總是逼迫他人。你的人生缺少什麼，才會讓你一直希望説服他人，你才是對的？

四、向社群表達出你的感受，你對那個成員的離開感到開心，還是因為他們離開，所以覺得很受傷？

五、如果你也想要跟著離開社群，就去找前任成員和社群之外的交友圈，讓他們幫助你脫離。

第八章
走出被禁錮的衣櫃

透過外在的表徵與內在的自我告別，迫使你要仔細檢視自己的價值，同時看看他人的價值。這會讓你感到孤獨，質疑自己的人生為何「就是不能單純一點」。

然而，一旦熬過這段過程，就能擁有不同的全新感受……

「性」是一個承受太多心理包袱的詞彙。一聽到這個詞彙，你可能會想到那檔事——將「凸起物甲」插入「孔隙處乙」。你可能會想到其他的動作，或是某些生物特徵，例如：荷爾蒙和生殖器。我們很小就被教導，男生有陰莖，女生有陰部，也都知道男生和女生在青春期時會發生不同的事。

大多數的文化都認為，順性男與順性女之間的性愛才是最好的（「順性別」這個詞是指一個人對自己的性別認同和他們天生的性別相符），認為這兩種人應該要發展出忠誠不移的關係，而且最好是婚姻關係。可是，以這種二元的方式看待性，對某些人來說卻太過狹隘。同時，這種觀點忽略許多習於與同性、異性或雙性產生性行為的族群。此外，這種觀點也沒有納入那些喜歡單獨性愛（自慰），或是根本就不喜歡性愛的人。

認識性向

「性向」是指你傾向於被哪一種人在生理、情感或戀愛等層面所吸引。性向一詞與生物性別、性別認同和性別角色這些名詞，同樣被歸納在「性認同」這個概括詞彙之下[1]。依據你的性向，你可能會與同性、異性或位於性別光譜其他位置的對象建立關係；也有可能沒有人會對你產生性吸引力，也就是無性戀。

不管你是同性戀、異性戀、泛性戀、雙性戀、酷兒（queer；譯注：原為用於辱罵同性戀者的詞語，之後泛指自我對於性認同與社會上大多數人都不同的人）、無性戀，還是任何一種中間性向，性向都有可能會隨著時間改變。一旦改變的話，就有可能改變你對自我的認同。

與自己的性認同告別可能會讓人覺得自由，也可能令人感到孤獨。在一方面，你對自己誠實、跟隨自己的心，讓自己做決定，迎向對的感覺；另一方面，你可能已經長期擁有很強烈的性別認同，無法脫離開這個性向帶給你的權利與自尊。放棄原本以為的那個自己，是一件很難的事，但接受真正的自己才是人生。

你必須真切地檢視你的性向和性別認同是如何影響你的人生，這些因素可能會影響你尋找適合的對象，並且解放真實的自我。這並不是在說，同性戀和異性戀一定無法相處；恰恰相反，這兩種人其實能相處融洽，只是你應該會比較想要花多一點時間，和那些對你有吸引力的同類相處。

改變性向可能會影響你對待自己的方式。你可能會開始討厭自己，因為你無法實現家人或社會對你的期望；你可能會喜愛自己，因為你能照顧自己的需求。你認識的人、你所愛的人可能會因此轉變對你的態度。你得做好準備，面對自己的感受，以及最親近的人所產生的感受。

認識性別認同

「性別」（gender）指涉的是兩性（sex）在社會與文化方面的差別（譯注：sex是指生物性別，

所有的生物一出生就有公母、雌雄之別；gender 則是個人性格和特質方面的陽剛或陰柔，未必會與生物性別一致）。這些差別包括：我們被分配到陽剛或陰柔的角色、兩種角色應該參加何種活動、做出何種舉動，以及具備何種特質等。無論意識與否，我們其實無時無刻都落入這些性別刻板印象中。例如，男性就應該又高又壯、提供生活所需；女性就該懂得照顧別人、付出關愛和支持。想想運動員與護士這兩種職業，或是粉紅和藍這兩種顏色，是不是都被賦予性別刻板印象？你是不是也很容易就把某個性別與特定事物聯想在一起呢？

「性別認同」所指的，就是我們在心裡覺得自己是怎麼樣的一個人。這個人可以是男人、女人、兩者皆是或兩者皆非。有些人甚至認為自己是動物，像是狼、虎、貓、狗等。有時候，這可以做為一種性愛角色扮演的形式，但也有很多人認為自己的性別認同就是他們與生俱來的一部分。

說到性別認同，我們藉由外在展現自我的方式，例如：透過陽剛、陰柔或其他獸性的方式，這就稱為「性別表現」，包含使用的名字、對哪一種稱謂做出反應（先生或小姐等）、衣著、髮型、聲音、行為及禮儀。

許多從某一個性別認同轉變到另一個性別認同的人，都在很小就知道自己的內在和外觀模樣並不相同。如今，才兩、三歲的小男生、小女生就已經會肯定地告訴自己的父母親，他們「不是男孩」或「不是女孩」。夏蘿・裘莉—彼特〔Shiloh Jolie-Pitt；譯注：美國明星安潔莉娜・裘莉（Angelina Jolie）和布萊德・彼特（Brad Pitt）之女〕雖然不一定是跨性別者，但是她的確比較喜歡別人稱呼她「約翰」，也喜歡別人用男性的「他」來稱呼自己，顯示小孩也能打破性別限制。

性向或性別流動的概念

開始談到與性向或性別告別的方法之前，了解何謂性向或性別流動（sexual and gender fluidity）將會很有幫助。最基礎的概念是，我們的性向或性別從來不是永恆不變的，所以這些東西永遠都有可能會變動。

例如，我們可能一直都是雙性戀，雖然之前都與異性伴侶交往，但是這一次卻剛好愛上和自己同性的人；或是一個向來都很喜歡女性裝扮的男人，某天突然決定要換上較舒適的男性穿著。

性向流動只發生在女性身上？

猶他大學的心理學教授麗莎．戴蒙（Lisa Diamond）於二〇〇八年出版的《性別流動：女人的情感與慾望》（*Sexual Fluidity: Understanding Women's Love and Desire*）一書中，便詳細探討這個問題。她花費十年的時間，追蹤七十位認為自己屬於同性戀、雙性戀或「性向未明」

的女性，觀察她們和誰談戀愛或發生性行為。人們普遍以為，多數人應該會捨棄「雙性戀」或「性向未明」這些名詞，轉變為「異性戀」或「同性戀」這些比較具體明確的身分認同，但事實卻不然。研究結果發現，最後變成「雙性戀」或「性向未明」的人數比較多。她的研究發現，提及性向流動這件事時，女性比較可能隨著現況而變動，不會把自己困在不合適的標籤中[2]。

流動可能來自環境因素。例如，一個過去只會與女人做愛的男人被關進囚犯全為男性的監獄裡，於是開始會和其他男人進行性行為，即使他仍認為自己是異性戀。流動也有可能是指，你現在喜歡的類型與過去不同了。

金賽量表（Kinsey Scale）是一個經常用來判別性向流動的例子，這個量表是由著名的性學研究者阿爾弗雷德．金賽（Alfred Kinsey）所建立，用來指出性向、性向認同及性行為的多樣性。這個量表的數字從零到六，代表從異性戀到同性戀的性向光譜。絕對異性戀者在量表上以零呈現，而絕對同性戀者則是以六表示。金賽在他的性學研究中發現，絕大多數的人在量表上都不具有絕對的性傾向。大部分的人位居兩個極端的中間值，如一（在大多數的情況下為異性戀，但是有產生同性戀念頭的可能）、三（「真正的」雙性戀），或五（在大多數的情況下為同性戀，但是偶爾會產生異性戀的念頭）[3]。

總結來說，人類對許多事的看法時常在改變，對於性別和性向也是一樣。如果我們每一個人覺得自我的某一部分不再屬於自己，都能選擇告別，我們可以改變關於自己的每一件事，像是髮型、工作、朋友、家人、居住城市、州郡和國家的社區，以及投票、飲食與運動的方式，又為什麼不可以告別自我的身分認同？

真實案例：出櫃讓我不再感到孤單

「在我十歲或十一歲時，就隱約知道有一些不對勁的地方，但是我直到快三十歲時才出櫃。我是所謂的性別酷兒，又稱為跨性別者。我的性別認同過程十分緩慢，是從身體穿洞和刺青開始的。刺青象徵著我可以掌控自己的身體，並且刻意做出一些永遠無法回頭的決定。永久存在這一點非常吸引我，因為這表示我可以擁有某個東西，而且不能輕易反悔。

我用電話向我的母親出櫃。我告訴她，我有重要的事想要對她說，請她讓我把話說完，而她在聽完後可以詢問我任何問題。在告訴她一切之後，她的回答很像是她一貫的作風，帶著非常像是律師的口吻（因為她正是一名律師）。她說：『只要除卻某些我們每個人都會冷血的時候，你不是一個殘酷冷血的人，還有只要除卻某些我們每個人都會傷害他人的時候，你不會傷害他人，我仍然會一樣愛著你。』真是不可思議！

我請母親告訴父親，因為當時我無法親自告訴他，但是出櫃之後，我和爸爸的關係有了大幅改善。我想，這是因為我既然出櫃了，就能比較誠實地面對他，而他也能比較誠實地面對我。例如，我在去年生日時決定不再繼續念研究所，但是我不曉得接下來該做什麼。我和爸爸聊天，那是一次非常棒的對話。他告訴我，他很為我感到驕傲，因為我有勇氣做自己，不會為了要找工作或成就什麼事而失去自我。

我希望其他人可以向我學習，可以因為看見我而學習到某些事。我有男人的臉孔，但卻穿著裙子；我喜歡穿配色大膽的服裝；我抬頭挺胸，外表絲毫不像是二元性別的其中一種。我的人生有一大半的時間，都在因為這件事而感到羞恥、害怕、自我厭惡。我想，那是因為我以前從未和任何人談過這件事。誠實、真實及開放的態度，現在已經是我生命中非常重要的元素。因為過去一直守著這個祕密，讓我變得不坦白。你不一定要和身邊的人談論你的身分認同，你可以去參加非異性戀者〔LGBT：譯注：為女同性戀者（Lesbian）、男同性戀者（Gay）、雙性戀者（Bisexual）與跨性別者（Transgender）的首字縮寫合稱〕中心或是其他相關團體，這些地方可以讓你安心暢談感受。與這些人共處一室，知道他們都明白你所經歷的一切，會讓你不再感到孤單。我們都有掙扎的時候，這不是一件容易的事。人們常說跨性別者敢出櫃很勇敢，不過等你出櫃之後，就會發現這不和勇敢與否有關，而是和你的人生有關。」

——維伊．黑威（Wee Heavy）

出櫃，其他與性向和性別有關的告別

當你愛上的對象，或你的性別或性向認同改變時，就會經歷一段「出櫃」的過程。這裡的出櫃是指：與不再符合你需求的某一部分自我告別，也可能包含與那些無法接受這項改變的他人告別。與自己的性向或性別告別，必須具備很大的勇氣，同時也要學會照顧自己。雖然一路上可能有別人會幫助你，但這趟旅程還是得靠你自己一步步走完。整個過程可能會十分緩慢，而且可能相當艱困、痛苦、難受。透過外在的表徵與內在的自我告別，迫使你要仔細檢視自己的價值，同時看看他人的價值。這會讓你感到孤獨，質疑自己的人生為何「就是不能單純一點」。然而，一旦熬過這段過程，就能擁有不同的全新感受。

倘若你非常確定，即使你有男兒身，內心卻完全不是男人，你就必須先通過心理方面的難關，然後選擇接受或擺脫生理上的難題。你也要做出許多選擇。你需要考慮變性會花多少時間與金錢；

如果決定變性，看醫生和動手術又會有哪些需要考量的成本因素；你可能需要考慮上變聲課程，或是穿高跟鞋走路的課程，才不會在社會大眾的眼中「表現得勉勉強強」；你也可以想想是否需要透過法律程序，正式更改駕照和出生證明上的名字。

接受自我是一件大事，外貌變得與真實的自我相符、讓自己感覺起來像真實的自我更是一件大事。此外，還要考慮他人看待你的態度。工作不變，但是性別卻變了，可能會對你帶來非常大的挑戰。選擇出櫃，並且因此失去專業形象與社會地位，總會讓人恐懼萬分[4]。你也必須顧及自身安全，不只是在職場或學校而已，出門的時候也要留意。你必須面對同事、家人和朋友，即使他們接受你的改變，也有可能會不小心叫錯稱謂，所以你得知道要如何應變。此外，還有陌生人與熟人不友善的眼光。你能堅強面對這些評論、取笑，或是類似「你到底算哪一種人」的問題嗎？

廁所也是一大問題。如果男女分廁，你就要選擇使用哪一間，正在轉變性別或性向的人會因此產生極大的焦慮。

如果你不確定自己到底是屬於哪一種性別，可能就會不太清楚該怎麼向前走。如果因為親朋好友不能接受，你就無法堅強地好好活下去，你可能會因為對自己感到氣憤，進而做出自殘行為。

在準備好向外界宣告你的轉變時，你通常會開始服用荷爾蒙來改變身體的外觀。某些跨性別者會選擇進行性別重置手術。性別重置手術是與性別告別的一大步，雖然並不是每個人都會這麼做，但是選擇這麼做的人通常將手術視為確定、承認自己身分認同的最後一步。這些手術有可能是隆乳手術或乳房切除手術，後者透過切除乳房，讓接受手術者變得更陽剛；或者可能是生殖器重置手術，如將陰莖切除後形塑成陰部模樣的陰道成形術，或是將陰核延長以創造陰莖的陰核釋出術[5]。跨性別的先驅包括克里斯汀・約根森（Christine Jorgensen）、凱特・伯恩斯坦（Kate Bornstein）、湯瑪斯・畢提（Thomas Beatie）及巴克・安卓（Buck Angel），還有好萊塢名人，如共同執導《駭客任務》（*Matrix*）的拉娜・華卓斯基（Lana Wachowski）、女演員拉芙妮爾・考克斯（Lavenere Cox）、凱特琳・詹納（Caitlyn Jenner）與查茲・波諾（Chaz Bono）等。如果想要了解性別轉變的細節，可以去找這些人的故事，或是觀看亞馬遜（Amazon.com）製播的電視節目《透明家庭》（*Transparent*），就能對性別轉變的過程有很好的詮釋。

知道過去曾有這麼多的人為你鋪設與性別或性向告別的道路，知道在你告別時有很多人和你在一起，會令人感到十分安慰。你不是一個人，可以做真實的自己，那種隨之而來的自由和力量，不只會讓你覺得自由自在，更能啟發他人。

與童貞告別

想到要和童貞告別，就連妳的處女膜可能也會嚇得發抖。許多文化都會向小女生灌輸「性行為這件事非常重大」的觀念，告訴她們，失去童貞不僅會改變人生，還會改變他人看待她們的態度。

童貞是一個包袱很重的概念，因此失去童貞彷彿是人生中驚天動地的事件。有時候這的確是大事，但有時候卻不是。

「童貞從來就沒有一個『正式』的定義，也沒有任何可靠的方法，可以知道或判定一個人是不是處女。一切端看妳對當下發生的事所抱持的看法。」《處女：一個無人碰觸的歷史》（*Virgin, the Untouched History*）的作者漢妮．布拉克（Hanne Blank）說道：「沒有什麼事情是一定會如何的。我們也沒有實質的理由，把第一次發生性行為視為一種『失去』。甚至，其實可以把這件事當成一種『收穫』，獲得一種全新的體驗，而這也沒有什麼不對[6]。」

然而，我們的社會常常在傳遞一種訊息，就是在其他人眼中，女生還是處女時會比較有價值。童貞被看得如此重要，以致於在全美五十州中共有四十八個州會定期舉辦貞潔舞會（必須發誓不准進行任何形式的性接觸，包括接吻）[7]。在這些以父女為主角的舞會上，女兒穿著白色禮服，發誓在婚前會保有童貞，並且象徵性地把自己的童貞「送給」自己的父親——這種句子光是用寫的都讓人覺得渾身發毛。

在某些國家中，如果踏入婚姻時已經不是處女，甚至可能真的會讓女性賠上性命。名譽殺人（honor killing；譯注：名譽殺人是指因為女性失貞、行為不檢、舉止輕浮、產生離婚念頭等原因，為了維護家庭名譽、清理門戶，而由家庭的男性成員殺死該女子）的理由有很多種，就算女性遭受強暴也會因而被處死。這通常是因為人們相信失去貞潔的女性會為她的家庭帶來恥辱，因為她違背不能與丈夫以外的人發生性行為的宗教文化原則，無論她是否「被迫」破處都一樣。

這些例子都在強調一個概念：上了處女就等於擁有最棒的性愛體驗，如果告訴別人你奪去女生的貞潔，你就是真男人。女生若能把完好無損的處女膜送給伴侶，他就好像收到至高無上的謝禮一樣。雖然處女膜在這個人失去童貞之前，本來就有可能會因為各種原因而破掉，像是騎腳踏車、騎馬、使用衛生棉條等。男生有無童貞，就不會對他造成同樣的影響。事實上，如果男生在結婚時還是處男，反而會被看輕，因為他沒有任何性經驗，而這就是對於性污名的雙重標準。

這種雙重標準對任何女性都會造成心理傷害，尤其是在失去童貞的經歷和預想並不一樣時。其實，即使與預期的一樣，失去童貞的經驗也有可能會令人失望。

有些人甚至會變成重生處女（譯注：失去童貞之後，決心不再於婚前或未來某個時間點前發生性行為），告別放蕩的過往。她們對於重新拾回的純潔感到歡欣無比，並且再度強調與上帝之間的關係。

或是妳可能十分期待妳的第一次，但是結果卻不如妳所希望的那樣發展，妳就會從失敗中學習。布拉克表示：「很多人似乎都很害怕第一次會為往後每一次的性愛定調，但這個說法是錯的。由於『童貞』並沒有一個明確固定的定義，所以即使妳的第一次性行為真的很糟糕、很粗魯或很暴力，就大方地說：『這根本不是做愛，而是暴力／粗暴／亂來』，然後把這次經驗歸類到其他的類別中，而不是失去童貞。」

那麼，即使發誓婚前不發生性行為，還有什麼其他的方法可以減緩失去童貞的焦慮感呢？

第一，妳必須了解童貞其實是一種性別歧視。童貞對男性造成的影響，與對女性造成的影響不同，對女同性戀或女異性戀的影響也不同。童貞這個概念帶有太多雙重標準和負面意涵了。

第二，妳必須了解童貞被用來評價一個人。要判斷一個人的價值有很多種方式，但童貞不一定是其中之一。認真檢視妳的身體與性慾，才不會對自己的決定感到不安。

第三，如果還是不知該如何是好，就和其他人談談妳的困擾，但是不要去找那些會讓妳覺得對自己的決定更糟糕的人，而是要去找那些可以了解妳困難的朋友聊聊；去見同儕諮商師與性教育者，請這些人幫妳解決童貞或性慾方面的問題；上網找找那些曾有過類似經驗的人，這麼做的目的是要讓自己覺得不再孤單。

「童貞是非常過時又毫無幫助的概念。我們應該好好把注意力放在第一次的性行為上：無論過程如何，這是妳第一次與他人體驗性愛。這次經驗為妳打開一扇大門，通往更多樣化的人際互動，平等地將每個人納入其中。此外，這一次的經驗表示，妳做出一個積極主動的決定，決定開始做某件事。妳並沒有因為這件事而失去或弄壞任何東西，這只不過是一連串美好經歷的開端。」

——緹瑪莉．史密特（Timaree Schmit）博士，性教育者

如何面對與性向、性別或童貞的告別？

變性可能需要花費好幾年的時間，性向認同的轉變則通常會比較快，而且可能沒有過多的留意。改變性向不需要動手術、服用荷爾蒙，或是採取其他永久性的解決辦法。然而，性別認同的改變卻可能包含這些東西。如果十分肯定自己生錯身體，就特別會採取這些手段。發現自己其實並不是「這種人」，或是覺得自己比較像「那種人」時，就會展開一段自我發掘的過程。這是一個很大的主題，很難在一本談論告別的書中，只花費一章就完全道盡。市面上有不少書籍和資源是單純在討論這些經驗的，你可以用來搭配這裡所寫的內容，更了解整個過程。

「作家海倫．蘿絲．福克．伊博（Helen Rose Fuchs Ebaugh）寫過一本很棒的書，書名是《成為過去的我》（*Becoming an Ex*），談論有些人的身分認同在他人的眼中，仍舊是以過去的

他們來描述，而非以他們現在的自我。例如，前任修女、前任男性、前任校長、離婚婦女等，這些都是過去的身分。這本書教會我一件事：我們必須建立可以獨立存在的身分認同。這個體悟幫我找到跨性別者這個身分。他人之所以會很難理所當然地認為你是跨性別者，是因為他們不知道你是在說從哪一性別跨越到哪一性別。因此，他們反而會覺得我在玩弄自己的性別。這個詞彙讓人們可以聚焦在我當下的身分，而不是用我曾經有過的身分來定義我。我們都應該要為自己的身分想出一個名稱。」

——凱特．伯恩斯坦（Kate Bornstein），
《性別是條毛毛蟲》（*Gender Outlaw: On Men, Women, and the Rest of Us*）一書作者

這是一趟認識自我的旅程，因此你必須自己尋找，只不過你不用一個人。但是，就像許多人生的劇變一樣，要其他人適應這些轉變必須花費一點時間。

真實案例：一件最害怕，卻最能帶來成長的事

「在我大半輩子的人生中，我都一直認為自己是異性戀，只是有些戀物傾向。我從不認為自己是跨性別者，直到最近才改觀，或許這是因為我不太清楚跨性別者代表的意思。與順性別這個身分認同告別，對我來說等同於必須面對許多尷尬與羞恥——自我批評已經完全內化，而且欠缺自我接納。這些想法可能源於小時候自願背負，或是被迫灌輸的宗教與文化包袱。雖然如此，我覺得最困難的地方還是處理自己與自己之間的關係，對自己出櫃比對朋友出櫃還難。我已經向一些好友出櫃，並且告訴他們，我最近過得如何，還有我覺得自己變成哪一種人。自從我開始這麼做之後，我深愛且尊敬的人們已經多次告訴我，他們為我感到驕傲，也很佩服我。說出最隱密的自我、說出那些我以為會讓我疏離所有人或招致責難的事，反而為我帶來支持與讚許。雖然不管別人對我怎麼想，我還是會告別過去的自己，但是朋友的善意和接納仍舊帶給我無限的希望。

有時候，我覺得自己應該早一點開始這麼做，但是過去的我還沒有準備好。而且五十歲才做出改變，其實也有一個好處：這顯示出我們不管在任何年齡都能充滿活力，因為好好過著自己想要的生活，其實和年紀無關（畢竟你不可能控制自己的年紀）。一切都顯示出，

我們必須展現成長和改變的勇氣與膽量，最終做出自己最害怕，但卻可以帶來成長和療癒的事。」

——道格

在開始告別的過程時，首先要列出你認為自己是什麼樣的人。想想你的感受，不見得要去想你在別人眼中的模樣。

找出你認為自己是什麼模樣，愈詳細愈好。可以用畫圖或是書寫的方式，描繪自己某種性向或性別所占的比例。列出這些身分認同讓你感到美好的地方。清楚找出自己的樣子，可以讓你更有自信，通往你想要抵達的地方。

找出對於自我的基本概念之後，接著檢視自己的性別偏好。例如：「我覺得自己像女人，因為我喜歡穿女性服飾，特別是顏色鮮豔亮眼的那種，我也愛穿裙子和緊身長褲。」

寫下你覺得自己是什麼模樣，就可以讓你比想像中還要更認識自己，這種記錄方式也能讓你更深入探索自我。

真實案例：學會自己做決定

「兩年前我肯定會說，我之所以會發現自己女性化的部分比男性化的部分還多（前者說不定占了九九％），是因為我在一九九〇年發現自己真實的性向。現在，我很確定自己從十三歲就開始告別自我性別的過程，十九歲時達到全盛時期。但是，後來發生一連串的事，像大學、創傷及家庭，卻很快地中斷這個過程。

在告別過去的身分認同前，我必須先練習接受自己。我必須先愛這個勇敢做自己的自己，必須先達到讓我可以依循自己想走道路前進的境界。我從伯恩斯坦的身上深切地學習到：跨性別者的經歷各不相同，沒有「一模一樣」的經歷。沒錯，聽聽其他跨性別者的經歷是好事，也很重要，但他們的路終究不是你的路。在你所能做的事情中，最重要的就是學會自己做決定。

我六十二歲時開始服用荷爾蒙。我想，我大概在二〇〇三年或二〇〇四年時就已經開始轉變了，只是當時還沒有改變我的身體。二〇一三年十一月，告別男性身分的需求達到顛峰。我發現，我必須針對自己究竟是誰這件事做出一些行動。我先去找了心理治療師，卻發現太難了。

後來，我去找了醫生，卻發現更難。但是，他把我轉介給一位荷爾蒙醫生，那位醫生真是太棒了。一旦開始進行，我覺得一切都沒有問題。二〇一四年一月九日下午五點零四分，我第一次服用雌激素。不到一個小時，我就感覺不一樣了。『再見了，男人；洋娃娃，妳好。』『展現荷爾蒙』並不難，『展現女性特質』則是一個緩慢的過程。和家人出櫃的過程真的很不容易。我有兩個成年的子女、一個前妻、一個姊姊和一個哥哥。我在去年四月告訴姊姊時，她能坦然接受。我還沒對哥哥說過，而要和子女說出這件事，簡直要嚇死我了。我已經告訴女兒，而她也能諒解，所以我們現在非常親近。我還沒有告訴我的兒子，我很十分怕對他說這個經歷，會讓我完全失去他。」

——蘿拉

時候到了，該讓別人知道這件事時，你有很多方式可以告訴他們。你可以想一個聰明有趣的方法，給他們驚喜，像是可以烤一個蛋糕，再用糖霜在蛋糕上寫著「我是雙性戀」[8]；你也可以更改臉書的名稱，利用社群網站解釋這件事；你也可以寫一封公開信給親朋好友或是打電話給他們，並且告訴他們，你有一件非常重要的事情要和他們說。

面對面說出口可以賦予你力量，讓你一次又一次地向他人出櫃。不過，別讓對方催促你或打斷你。你必須準備好回答各式各樣的問題，面對各種針對你或對方的情緒。這是一個很好的練習，讓你可以在人生的其他時候也能展開這種對話。

至於提到職場出櫃，你可以詢問上司能否召開一個會議，讓你對平時合作密切的同事先行出櫃。你也可以用電子信箱發送群組信件，解釋你希望他們做出的改變，好讓你繼續前進。例如，如果你要更改名字或稱謂，寄一封電子郵件就是不錯的選擇，可以讓大家知道你希望被怎麼稱呼。

有一件事是肯定的：你之後會一再地出櫃，所以要先學會充滿自信地出櫃。花一點時間和自己相處之後，告訴好友關於你的決定。第一個出櫃的對象，必須是你覺得最安全的對象。別忘了，事情一定會愈來愈好。

做好面對他人排斥的準備

雖然你有很多關於自己性向的事可說，但是也要讓別人有機會找出自己的感受。詢問他們在聽見你說你是一個異性戀、同性戀、雙性戀、泛性戀或酷兒等，這件事對他們有什麼意義。如果他們覺得沒有什麼大不了，你也不需要因此小題大作。與那些和你最親近的對象，花費許多時間討論你的決定是必須的過程。有些人或許會對這件事完全無法接受，所以記得做好準備，給你的親朋好友一些空間，讓他們慢慢接受。他們可能有一天會接受，但是也可能不會，或是就算他們接受了，但你和他們的關係是建立在特定的性別前提之下，例如，啤酒俱樂部是「男人」喝酒的地方，你可能就無法繼續與他們往來。雖然有些人可能會排斥，但你還是可以去找到能夠接納「真我」的社群。

真實案例：和無法接受自己的世界一刀兩斷

「我以為自己是一個不折不扣的女同性戀，但在二十一歲時才發現並不是。我加入馬里蘭州的女同志社團已經好幾年了，而且十分投入其中。後來，我開始懷疑自己是不是也喜歡男生，所以試著和幾個男生交往，發現他們其實並不像我一開始所想的那樣討人厭。我對團體隱藏自己的雙性戀傾向，因為我很害怕面對大家的反應。雙性戀的女生常會被認為「放蕩」、猶豫不決，因為她們在男生或女生之間「無法做出選擇」。女同性戀格外覺得雙性戀者會對他們造成威脅，因為她們覺得雙性戀的女生常常只是在『實驗』與女生交往。和雙性戀的女生在一起的風險很大，因為她有可能會為了一個男人而離開同性戀女友。

當我終於以雙性戀的身分出櫃時，女同性戀團體都對我避之唯恐不及。我的告白換來許多嘲諷和失望的神情。最常見的反應是：『噢，不！我們又失去一個人了。』好像我是這一場性向戰爭裡的傷亡者一樣。

當我告訴我的異性戀男性友人時，他們會說：『太好了！現在我有機會和妳做了！』也有一些人非常激動，表現出一副他們不知道我真實面貌的模樣，他們覺得我以前都在說謊。有一個男生曾經喜歡過我一陣子，但是我發現自己喜歡男生後卻沒有和對方在一起，讓他覺得非常難過。他很生氣，所以多年來都沒有和我說話。

在某方面來說，身為女同性戀團體的一分子，就像加入一個很嚴厲的宗教團體一樣。我可以發表任何想法、做任何想做的事，前提是我必須接受女人的陰道，把它當成是我在性向方面的救世主。

當我發現自己是雙性戀時，就必須脫離女同性戀團體，自此一刀兩斷。因為唯有承諾永遠當同性戀，我才可以和她們往來。我無法把一生奉獻給信仰陰道的教會！不用說，我再也沒有和那些女同性戀說過話。雖然覺得很可惜，但是那個團體真的太過批判又心胸狹隘，我必須結束和她們的關係。」

——克麗希

有些人可能會因為你的轉變而和你告別，你也必須接受這一點，並且把對方當成被割捨的一方來看待。這種事情的確有可能會發生，但是就如同你要求他們接納一樣，你也必須尊重他們不想接納的決定。

擬定一個支援計畫，以免你出櫃的對象極力反對你的決定，讓你無法招架。想好一個能支持你的人，他可以是一個熟人或專業人士。若是你的朋友，在你決定進行一場艱難的對話前，務必先讓他知道。這樣一來，對話結束之後，他們才能陪伴在你的身邊。

去找專業人士聊聊也是很好的方式，他們可以幫助你保持清醒，讓你繼續向前。參與支持團體有時也會很有幫助。

最終，你需要做出最適合自己的選擇，如果你愛的人搞砸他人對你的看法，那是他們自己必須處理的問題。尊重他人的意見，但是永遠都要給予自己最大的尊重。

被斷絕關係的那一方能怎麼做？

一、只要你不隨便做出評斷，願意敞開心胸學習，你永遠可以針對一些不太清楚的概念，要求對方說明白。

二、給自己發問的權利，或是帶有情緒。

三、對你來說，這也是一個探索自己性向和性別的機會。

四、不要試圖說服他人，他們的感覺是錯的。

五、你也可以尋求有經驗的人處理自己的感受。

第九章
與深愛過的工作告別

轉換職涯跑道會讓人覺得壓力非常大，主要是因為我們都需要錢來養活自己，或是因為我們對於曾經熱愛的事物不再有興趣了。

長大之後，我們必須承擔更多的責任，這些責任會讓我們很難做出改變生活的重大決定……

我們的生活中有一大半的時候都在努力工作。有時，我們努力改善自我，或是朝著某個目標努力：尋找治癒疾病的方法、賺錢好讓自己的生活過得舒適、減肥，或是學著不再使用「應該」這個詞彙。然而，對大多數的人來說，努力工作表示為了他人或自己做一份有錢領的工作，以便養活自己。許多投入職涯的人都是以成功為取向，也就是我們都為了某個目標而工作。

我們花費很多的時間，藉由自己做什麼工作「養活自己」來定義自我，這是典型的美國思想（至少我是這麼聽說的）。和一個不是那麼熟稔的人聊天時，我們常常會詢問對方，或是被對方詢問的第一個問題，就是職業。因為我們太注重「我們的工作」，而不是「我們是誰」，所以和工作或職業告別就會變成一件非常嚴肅的事。

職場可以提供我們許多的機會，這個地方讓我們能夠以個人或團隊的身分貢獻一己之力；它讓我們有機會發展許多技能，或是找到我們有興趣的事物；我們可以在這個地方取用和我們有一樣目標者的能量；我們在工作上會被賦予各種責任，是我們在家裡不太容易得到的；這個地方也讓我們得以暫時離開家庭；職場使我們有機會找到在親朋好友面前無法找到的自我；在這裡，我們能嘗試各種角色。有些人在找到一份工作後，終身就沒有改變；有些人則是利用工作體驗、學習各種事物，時候若到了，就會轉換跑道。

無論如何，如果與工作的關係無法好好經營，就表示這段關係出了問題。如果你不認為這段關係可望修復，或許就是告別的時候了。有時，告別並不是你的決定——你可能被辭退了，或是因為你無控制的某些原因而被解僱。但是有時，你可能是因為對自己的工作感到幻滅、需要展開全新的冒險，或是純粹想要轉換跑道。

真實案例：我到底想要做什麼？

「要把演戲當作一份工作，真的是困難到超乎想像。就算極度努力，也可能沒有什麼成就。就算是再有天賦也一樣，而我剛好就沒有天賦。我是一個好演員，但卻不是那種最棒的。我真的受夠無法加入工會；我沒有一個經紀人；無法參加幫助我前進的演出；跑去試鏡，等了兩小時，卻只進去試了兩分鐘；以及從事一份讓我自己不好意思到不敢說自己是演員的工作。壓垮這位演員的最後一根稻草，是有一次我去參加實境節目的試播，我覺得很好玩，而且可以在電視上被好幾百位名觀眾看到。但是，整個試播簡直就是一場惡夢，這個節目也完全沒有播出。我回到家，覺得一切都玩完了。告別我的演員生涯，是一件既簡單又困難的事。我取消訂閱《幕後》（*Backstage*）這本刊物、退出所有曾經加入的演出收件名單、不再寄發自己的特寫鏡頭和履歷，並且丟棄大部分留下的東西。要關閉語音信箱真的很難，要關閉我的演出網站更是難上加難。

最糟糕的部分是，我必須面對自己的夢想已經消失的事實。這麼多年來，我一直努力想要做的事與想要變成的那種人，再也不存在我的生命之中。我覺得空虛不已。我不知道自己還想要做什麼，現在也一樣。以前，可以實際參與演出，並且因此賺錢的時候，我並不覺得這是一份工作，演戲就是我的人生應有的樣子。我真的很沮喪（比一般的沮喪還要嚴重許多），就這樣難過了兩個月。當時，我應該去看心理治療師的。我一點也不會想念這些苦差事，我只是很想念有人生目標的感覺，因為我到現在還是不覺得自己有目標。當了父親之後有好一點，但還是不太一樣。」

——喬許

工作與職業的差別

工作通常是指一個人被僱用的狀態，在工作中，個人成長很有限，甚至可能完全沒有成長。通常，工作不用特殊訓練或教育背景，即使需要，基本上也能一邊工作，一邊學習。

職業則有可能是由許多份的工作組成，但是卻也能讓你在熱愛的道路上達成許多目標。職業通常是一個長期的概念，需要額外訓練，而且支薪。工作的薪水通常會按時薪計算。

不斷轉換工作，可能可以讓你覺得自己是一個不可或缺的角色，就像機器的齒輪一樣。但是，如果轉換工作時都有考慮到你的職業，就會更覺得自己是讓機器運作的必要零組件之一。

當你認為這份工作不好時，可能是你想要找到薪水相同的其他工作；當你認為這個職業不好時，就有可能會帶來許多的壓力、焦慮和憂鬱。如果你的工作或職業並不適合你，但你還是繼續堅持，就有可能會導致懊惱與悔恨，讓你對生活不滿意。

轉換職涯跑道，是任何年齡都能做的決定

轉換職涯跑道會讓人覺得壓力非常大，主要是因為我們都需要錢來養活自己，或是因為我們對於曾經熱愛的事物不再有興趣了。長大之後，我們必須承擔更多的責任，這些責任會讓我們很難做出改變生活的重大決定。我們必須為了責任犧牲，也得為了責任而達到某種程度的滿意度，繼續努力工作。雖然這些責任使得與職業告別，變成好像只有年輕人才承擔得起的決定，但是不管在任何年紀的每一個人，其實都應該對自己所選擇的職業感到快樂。

我和職業告別的次數，比身邊的朋友還多。我一開始夢想成為電台節目主持人，於是大學畢業後馬上就開始追求這個夢想；後來又轉戰廣播與電視製作人；之後才變成知名的性教育者。我也就讀研究所，希望成為性愛與人際關係的心理治療師，並且在同一時間完成我的性教育博士學位。每

個階段都促使我設定全新的目標，還有追求另一部分的自我。

當然，這些重大的決定全部都是在我還單身，只需要養活自己時做出的。現在，我是一位媽媽，情況已經不同了。可是，如果現在我要轉換跑道，我還是會做出這些決定，同時確保自己有足夠的儲蓄，在某種程度上可以高枕無憂。問題是：你會這麼做嗎？

看著自己追求新的職業、不斷向前邁進，是一件相當激勵人心的事。一旦堅持朝著新的道路而行，你將會充滿自豪感，因為你可以對自己誠實。在四十歲或五十歲時承擔這麼大的職業風險或許很難以想像，但是絕非遙不可及。當然，這種舉動看起來很像是中年危機，但也可以是中年轉機。

開始前要知道哪些事？

與職業告別有時可能無法做到，甚至連離開一份工作也是。尤其當你需要養家活口、繳納帳單，以及不知道要怎麼一邊存錢、一邊努力邁向未來的時候。事實上，如果沒有能支持你過活的東西，要重新出發是相當可怕的。有時，要開始整個離開的過程，最好的方法就是認真思考你真正想做的事，並且擬定容易達成的時間表，一步一步朝著目標前進。

除非你單身或是自行創業、沒有上司，否則轉換職涯跑道將會影響你的家庭、室友（他們會問你這樣要如何按時繳出房租），甚至是同事。如果你有事業夥伴，你就必須和對方談一談，這樣他們才能幫你確定目前的財務狀況。此外，務必確定在做的事情是你想要的。

真實案例：現在的工作，比過去的每一天都棒

「某天凌晨兩點，我終於確定自己選錯職業。當時我還醒著，正在電腦前做一些網頁開發的案件，這是我自由接案的一部分，而我非常喜歡這份工作。我回想著白天時盯著時鐘，對於撰寫文案和廣告校對的工作一點也不熱衷。於是我決定了，工作其實也可以很好玩，我不需要被那份我所討厭的工作困住。所以，我開始用線上課程自修，並且參加社交網站 Meetup 中的學習團體。

發展自己的人際網路是很重要的。我必須出門會見相關產業的人士，並且學習新技能。這並不容易，特別是在年紀漸長與責任變多之後。我在三十歲時轉換跑道，當時我結婚了，有了家庭。但是，因為我是如此渴望想做這件事，所以我便挪出時間並做出一些犧牲。我發現自己竟然可以睡得這麼少，還能維持日常工作。我會利用假日完成承接的案件、參加會議、參與網路相關的活動。我不斷努力，直到充滿自信時，終於告別文案撰寫的工作，變成專業的網頁開發工程師。

最困難的部分是面對那些未知的事物，我很害怕。大學畢業之後，我只從事過一份專業的工作，我做這份工作很長一段時間，現在卻要為了追求一份在紐約市使用新技能的新職業而離開。以前擔任文案撰寫人員時，我工作的地點位於紐澤西州郊區的工業園區，所以要到紐約市工作是一件非常重大又可怕的事。我以前都開車到紐澤西州上班，現在卻必須搭乘公車，而我對當地的地鐵路線一點都不了解。我結婚了，還有自己的公寓，所以事情如果沒有順利發展，我的壓力就會相當大。不過，我有一個不斷激勵我、支持我的妻子，自從她知道我討厭以前的工作後就鼓勵我離職。她在變成自由接案工作者前，曾在紐約市工作。因此，她告訴我這座城市的一切事物，以及如何搭乘交通工具。因為有她支持我的決定，我才能輕易處理轉職所面臨的一切。

最後，這些投資都是值得的。如今，我不再認為自己的工作只是一份『工作』。就算我有好幾千萬美元，不必再工作了，我還是會繼續待在電腦前寫程式。我覺得上一份職業幾乎就是一場惡夢。現在的工作即使有時會很累，還是比上一份工作的任何一天都還棒。」

——麥克

對自己的決定愈確定、得到愈多的支持，你就愈能妥善應付任何挑戰，包括做錯決定的挑戰，以及發現自己其實不想轉換跑道。為了防止心中滋生任何疑慮，你可以採取一些防範措施。這些方法可以阻止你馬上辭去目前的工作，直到你已經準備好重新開始為止。

與家人談談

在轉職的期間，家人的支持是很重要的。他們可能會受到你的決定所影響，所以在做出任何大動作之前，請先與他們談談。即使你的處境十分悲慘，並且真的需要轉換跑道，也需要擬定計畫，想想應該如何支付你平常負擔的費用，像是房租、帳單或其他支出。

與專家談談

人生教練很懂得幫人找出轉換跑道的目的，並且協助想出成功之道；職涯諮商師也能幫你為了探索新的職業選擇擬定計畫，讓你持續朝著目標邁進。

利用人力資源部門

倘若你只是想在同一個機構負責與先前不同的工作，你可以和人力資源部門的人聊一聊，讓他們幫助你轉換到其他的職務。

請公司准假

了解公司有薪假或無薪假的相關規定。你可以在請假的期間研究其他的工作選項，或決定是否重回校園。暫時離開工作崗位可以讓你知道哪些是實際可行的事，也能確保自己不會倉促行動。

擔任志工

每週花幾個小時到某個會讓你提振精神的地方，或是為某件讓你充滿活力的事情貢獻一己之力。如果你有足夠的財力或時間彈性，甚至可以到熱帶地區或異國擔任志工。說不定透過從事志工的工作，你就會找到新的職涯道路。放自己一個假，到一個一直想要造訪的地方付出你的時間與服務，嘗試一些從未想過的工作。

寫下來

如果你不確定自己為什麼要離開現在的工作，或是下一步應該怎麼走，不如就寫下來吧！首先，分別寫下繼續留任與想要離開的理由。接著，寫下你真正希望從事的職業，不必想出所有的細節。例如，你不需要知道自己希望幫助他人解決稅務的問題，只要知道自己想要幫助他人就是一個很好的開頭了。想想自己有空時都會做什麼，也能獲得一些靈感。喜歡待在家裡看電影，或許就表示無須經常出差的工作是很適合你的。

做功課

仔細瀏覽領英（LinkedIn）或其他社群網站，認識你所崇拜對象的職業；查看其他的求職網站，深入了解哪些工作有職缺；和在你想要進入職業工作的一些人聊天，讓他們知道你想要轉換跑道。請他們喝咖啡或吃飯，請教他們的建議，並且麻煩他們幫你牽線。找出你可以參加的訓練課程或會議，協助你擴展技能與人脈。分享你的興趣，加入一些電子郵件收件名單和 Meetup 學習團體。你可能也要計算與這些支出的相關費用，以及任何需要邁向成功之路的相關資格。

完成超酷的履歷

撰寫一份凸顯強項的履歷。你很擅長團隊合作嗎？還是大家都知道你很善於解決問題？強調你的領導才能與人際互動技巧，幫助你獲得想要的工作。從你的喜好中找尋靈感，這樣你就可以找到一份工作，做你所愛。

尋找快樂

你有可能要從基層開始做起，但是不要覺得沮喪。雖然你得從頭開始，一步步向上爬，也不要讓年齡或他人阻止你享受學習新技能的體驗。談到職業，慢慢爬上梯子總比坐溜滑梯來得好。

和平地離開目前的職場

到了離開目前的工作或職業的時候，要保持堅定與冷靜。抬頭挺胸，並且展現自信。如果覺得內心開始動搖，就回想一下自己離開的原因，看看先前寫下的利弊清單。與支持網路討論你的任何疑慮。深呼吸，想想你做出這個決定的一切因素。然後離開你的工作，心裡知道這一次你將可以掌控自己的命運。

儘管你可能永遠不會再回到這份工作，但和平的告別還是會比撕破臉來得好。如果你要告別工作，盡可能完成愈多的工作愈好，這樣日後有需要時就能保證拿得到推薦信。除此之外，為了預防往後真的想要回頭，和平告別也比較有可能讓你在緊急時，有機會再敲一次門。

真實案例：花了三年，終於再也沒有回頭

「二〇一三年十月，公司的行銷部門有一個數位行銷總監的職缺。我表示對這個職缺很感興趣，但是因為這個職缺從未真正刊登出來，所以我無法正式應徵。

同一時間，我正多方研究、尋找有興趣的其他工作機會。我太太找到一個基督教青年協

會（YMCA）的職缺，所以我就應徵了。令我訝異的是，我竟然得到對方的回應，並且進入面試流程。

時間來到十一月中，我已經是基督教青年協會職缺的最後幾個入圍人選之一。某個週一的晚上，當我正在工作，上公司內部的員工網站尋找某位同事的職稱（因為我在一家大型電視公司工作），用滑鼠不斷點選時，我發現曾經表示有興趣的那個職位竟然找到人了。隔天早上，我就跑去找上司詢問這件事。因為據我所知，那個職缺並沒有面試。他並沒有回答我。

同時，基督教青年協會開始進行資料審查。終於，在週五早上，電視公司的總經理回覆我：沒錯，那個職缺已經找到人了。我表示很不滿他們處理這件事的方式，並不是因為有人得到這個工作，所以我很難過，而是因為從來沒有人給我面試的機會。當天下午，基督教青年協會那邊就說我錄取了。我打電話給太太，並且告訴她這件事。

就在那天，我接受基督教青年協會的工作。下週一，我就到上司的辦公室遞出辭呈，而後再到總經理的辦公室，告知離開的決定。我提前兩週通知，然後再也沒有回頭。

這件事最困難的部分，就是必須和多年相處的同事分開，並且跳出電視娛樂產業的舒適圈，為基督教青年協會擔任行銷的工作。改變很難，我其實花了三年才離開。我還是會推薦別人到電視公司，聯繫以前的同事，並且和平離開。」

——嘉文

如果你覺得某些同事可能會以為你的離去和他們有關，請你在消息大肆散布前就告訴他們。去老闆的辦公室之前，先打好一封電子郵件，與老闆會面結束後，就可以馬上寄出。如果在公司裡結交到很好的朋友，也可以利用電子郵件相約時間，在當地的酒吧或餐廳舉辦歡送會。你們也可以約好每個月固定聚會，這樣就算你離開了，彼此還是可以保持聯絡，而你也不會錯過辦公室的八卦或其他的難忘經歷。要和同事討論離職的決定時，務必誠實說出離開的理由，同時不要抨擊公司的不是，就算這家公司真的應該好好臭罵一番。畢竟，不是每個人都和你一樣有機會轉換跑道，即使他們可能也想離開，但卻可能沒有毅力或動機。而且如果他們喜歡這份工作，恐怕不會想要聽到你說他們老闆的壞話。你的同事可能會為你的離去感到不捨，但是他們也有可能為你感到興奮。

面對面是離開一份工作唯一的告別方式。除非你是遠距工作，才能採用電話或寫信的方法。無論如何，態度都要友善。即使你再怎麼討厭你被指派的工作，等不及要脫下公司制服，和朋友一起到海邊升起火堆燒毀（記住：焚燒衣服對環境有害），也要在離職面談時心存感恩、表達謝意。在離職時，感謝你的上司們，因為他們投資許多時間與精力在你的工作上。如果可以的話，就舉幾個例子告訴對方，你對他們留下哪些好印象。如果非得要表達不滿，請以友好的方式說出口。

如果在你離開之後，他們僱用新的員工，你就要考慮是否願意接到新員工打來的電話，指導對方工作上的相關業務。檢視整個狀況，捫心自問：如果易地而處，你會希望他們怎麼做？

不幸的是，我們並非總是為了自我成長或是為了自己好，才會選擇離職。然而，就算讓你離開的原因並沒有那麼簡單，像是你為了照顧生病的父母或子女才會選擇離職，人們通常仍會願意提供幫助，讓你和他們的告別更順利。雖然告別並非全部都與不好的老闆或公司的政策有關，但是有些部分確實如此。如果你是因為老闆對你不好，或是公司針對女性的生育政策不滿，你可能無法和平告別。那也沒有什麼關係。不過，俗話說得好：「蜂蜜比醋能招致更多蒼蠅。」（意即和氣會比生氣來得有效。）

與事業夥伴拆夥

與另一個人共同創立一個理念或事業，就像和另一個人結婚生子一樣。雖然步上紅毯的時候，你不會考慮到某天如果離婚的話，小孩應該歸誰（如果你會想到這些，可能要重新考慮這樁婚事），但是說到事業夥伴關係，最好還是在合作前就想好這些細節。合夥關係會為雙方建立強而有力的連結，所以與事業夥伴拆夥可能會導致情感與金錢方面的耗竭。因此，事前準備防範措施可以預防這一類的心痛。

你滿意你的工作嗎？

提到工作滿意度時，研究發現，唱歌最能使人快樂。根據 myplan.com 這個網站做的一項調查[1]，發現歌手對於工作的滿意度是最高的，消防員第二名，接著則是飛機裝配人員（誰知道呢？）、小兒科醫生、大學教授和諮商師。最不快樂的工作則是各個領域的職員或行員，像是郵務人員、市政府職員、保險政策專員或飯店櫃檯職員，而管家與餐飲服務業的滿意度也不高。

就像婚姻一樣，合作之前簽署「婚前協議」是個不錯的選擇。否則，你可能很難發現自己已經深陷其中、局面變得複雜棘手，得趕緊離開。金錢和自尊可能會讓你無法判斷對錯。不管你是因為健康問題或純粹討厭對方，所以才會選擇拆夥，有些事情務必帶著公平的眼光處理。所以，你可以好好考慮與仲裁人員、律師、會計或顧問合作的可能，請他們幫助你解決相關問題。

在拆夥的過程中保持頭腦清醒，才能好好處理你擔心、害怕的事情，以及自己的感受。如果你的合作夥伴做了什麼違背良心的事，也要一併處理；第三人可以幫助你，讓你安全無虞，這可能表示你需要揭穿事業夥伴一直在做的無良行徑，像是私下進行交易，或不讓你賺到錢；或是你只想要改變經營方向，但是唯有與事業夥伴拆夥才能做到。

你也必須考慮到其他重要的事，像是你們之中的一方是否依舊按照原定計畫經營這個事業？拆夥之後，一些名稱與理念要怎麼處理？你是否願意被買斷，還是這個想法在拆夥時就已經破滅了？這些事情都要事先計畫，並且取得每個合作夥伴的同意。誠實為上上之策，不要因為憤怒或憎恨而行動。即使結束關係的原因十分醜陋，雙方都必須找到一個對「小孩」（指原本經營的事業）最好的解決之道。這樣一想，就能讓你用更宏觀的眼光看待事情。

遭到辭退或解僱，如何調適？

當你的職業要與你分開時，所帶來的壓力就和突然結束一段戀情那麼大。你需要時間，讓自己在悲傷後慢慢接受現況。假如你這個人的身分和公司或職位已經牢牢綁在一起，要離開看起來就會像是瀕臨死亡一般。然而，往好的方面想，你現在有了重生的機會。

為了熬過這段為已逝的自我（基於你的職業所形塑的自我）哀悼的過程，你需要真切體會這份失去的感覺。你可以上健身房打沙包，並且好好大哭一場；也許你可以找一個方法標示職涯中此一階段的告終，像是撕碎你的名片和其他會引起回憶的東西；或是不斷複誦某句真言，提醒自己一定可以熬過這段時期。

你也會想要保持忙碌。可以加入一些推廣你熱衷事物的團體，這些事物可以與你才剛剛失去的工作有關，也可以與你想要找的工作相關；另外，為了預防這個話題出現在對話中，你也可以開始練習訴說自己處理這個「認同難題」的方式。思考一下，如果有人詢問：「你是做什麼的？」你要說些什麼？你還喜歡做哪些事？你的嗜好有哪些？現在你能自由尋找新的道路，你希望做什麼？

如果是被解僱的話，你可能不會有太多時間慢慢離開，這裡所指的是你的物品和你這個人。自己辭職也有可能會發生這種情形，如果公司覺得你留下來會威脅到它們的「最高機密」業務時，就更會如此。不論如何，在你失去理智之前，試著趕快離開。先讓這個消息沉澱一下，不要馬上做出激烈的舉動。你可能會感到受傷、生氣、失落、被拒，覺得自己毫無價值或不受歡迎；但是反過來想，你也可以感到快活、自由、興奮或是激勵你繼續前進。無論你有什麼感覺，都要真真切切地感受。

離開時，記得帶走一切重要的事物，弄清楚自己可以得到什麼樣的遣散費，索取你應得的其他東西。此外，如果可以的話，也要記得拿到推薦信。

一旦離開公司，就要「真的」離開。例如，到公園散散步、看場電影、把自己鎖在衣櫥裡大哭一場，一邊思索下一步該往哪裡走。總之，找一個可以與自己的感受與思想獨處的地方，這樣才有時間好好把事情想清楚。如果這樣聽起來太難受，就到一個你可以在心靈上獨處，而不是實際上只有你一個人的地方。例如，上瑜伽課、練習打坐；上酒吧喝杯酒，但是不要醉到不省人事（雖然這好像是你最能做的事）。

直接回家倒頭大睡也是一個辦法，或是跑到地下室裡建造自己的洞穴〔譯注：在《男人來自火星，女人來自金星》（*Men Are from Mars, Women Are from Venus Book of Days*）一書中，作者約翰．葛瑞（John Gray）提到男女面對壓力的方式不同。女人需要透過講話紓壓；男人則需要擁有自己的獨立空間，也就是「洞穴」。在這裡，作者並未限定只有男人可以擁有洞穴，女人也行〕。可是，不要連續待在你的洞穴裡好幾天都不出來，因為這麼做並不能讓你變得勇敢。如果你不是一個人住，可以向家人或室友解釋，你需要一些獨處的時間，等你準備好了，就會恢復正常。如果他們堅持想要知道發生什麼事，務必堅定設立你的底線，同時告訴他們，你會沒事的。接著，給他們一個擁抱，然後一個人獨處，同時也要為自己可以變成自己的老闆而感到驕傲。

準備好告訴別人這個消息時，務必向他們保證你不會有事。如果需要他人向你保證你會很好的，就打電話或傳簡訊給那些一直支持你的人，而非那些只會潑你冷水，每次都說「我早就告訴過你」的人。

等到你比較適應這個轉變時，就可以開始聆聽各方建議、獲得支持，甚至從親朋好友與他們的人脈中，獲得應徵新工作的機會。等到有了足夠的自信，相信一切都會沒事，或是至少在當下可以保持冷靜時，就能讓那些受到你工作影響的對象，知道你已經不再從事同一份工作了。這些人包括同事（他們可能早就知道）、透過工作接觸的朋友、競爭對手，甚至是當地咖啡館的店員。畢竟，你不知道下一份工作會從何而來。

真實案例：找到身上的另一個標籤

「成為性教育者之前，我有將近二十年的時間是在一家世界頂尖的廣告公司上班。離開廣告公司的前幾年，我曾參加不少歡送同事的派對。他們離開這個能讓他們荷包滿滿的賺錢職業，追尋更充實圓滿的人生。有些人轉而開設麵包店，有些人則是開設旅行社，還有人在家裡擔任自由接案的諮商師。我當時也對這個地方熱情不再，十分羨慕那些能夠把自己的快樂擺在第一位的同事。最後，我還是繼續留在公司，因為我沒有勇氣追隨那些勇敢的同事。我一直告訴自己，我是單親媽媽，還有貸款要付，實在有太多的責任，無法辭去工作，追尋無憂無慮但卻沒有保障的生活。可是，一切都在我被開除後改變了。突如其來地遭到解僱是非常嚇人的，但這也是我的人生中發生過最棒的事，雖然一開始我並不那麼想。我當下就決定，這是我做出改變的唯一機會。現在不做，以後就不會再有機會。那是一個重新定義自我的過程。我花了全部的時間吸收各種資訊、自學人類性學，並且學習如何在這個新領域中推銷自己。我被迫找出自己是誰，也撕下『上班媽媽』的標籤。整個轉變的過程十分緩慢。每天我都在想，不重返廣告業的人生是否是正確的決定。然而，每天我都感覺新的生活變得更容易了，我也愈來愈有自信。

很快地，七年過去了。現在，我不僅過著有史以來最快樂的人生，也充滿我從未想像過的快樂，而這份快樂仍在不斷成長。我以前從未發現，原來前一份職業一直都在吸走我的人生，直到那份職業消失很久以後，我才意會到這件事。現在，我大部分的時候都在家裡依循著自己的步調工作，我有更多時間與家人相處，我更常笑了，也覺得人生完全自由。我的工作還是很多，但是工作已經不再像工作。因此，我完成更多的事，在短時間內就能達成大量的成就。離開上一份工作，真的是我所做過最棒的決定，這個決定讓我和我的小孩擁有比以前好上十倍的生活品質。如果當時我能知道現在所知道的事，就會在被開除前的好幾年離開我的工作。」

——桑妮．密卡登（Sunny Megatron），性教育者暨電視名人

真實案例：被工作甩了，卻找回最想要的生活

「離開不是我的選擇，我被甩了，我和一半的員工一起被開除（剩下的一半在隔年也被開除）。這件事推了我一把，的確是我需要的，但是我當時並沒有準備好。

讓我覺得最難的地方就是，我沒有說不的權利。我有一個一歲的兒子，也有家庭，要找出下一步在哪裡，真的讓我覺得很恐怖。我寄了一封又一封的履歷，但是卻沒有對那些工作有多大的興趣。事實上，我根本不想得到那些工作，我想要以前的工作。

我的丈夫在技術性的部分相當幫忙，像是履歷、安排面試時間等。雖然我很愛他，但是他有時候真的缺乏一些同理心，讓我覺得在情感上倍感孤單。我的朋友大部分都在這個產業，如果他們有了工作，我也很難找他們求援。他們那時候也都在待業中，如果聚在一起，真的會讓人情緒很低落。我就這樣畏縮了一段時間。

這就好像和某個人分手一樣，但是分手後你通常可以慢慢走出來，然後再次約會。你也可以和別人蜻蜓點水、談情說愛，不用付出承諾或做出什麼決定。但是，我卻別無選擇，只能立刻重回職場。後來，我在相關的領域找到一份工作，薪水很棒，但是我在上班的第一天就知道自己犯了一個天大的錯誤。三個月後，我還是覺得很悲慘。那裡的人、環

境和工作全都不是我所習慣的，也不是我想要的。以前的工作讓我覺得每一天都很開心，也很新鮮刺激，但是這份工作讓我根本不想浪費三分之一的人生在上面。

我一直想要回到校園，但是卻一直無法放下一切，重新出發。我丈夫的新工作薪水不錯，而我們也搬到物價比較便宜的城市，這讓我們有機會慢慢來，能夠生更多的小孩，並且回去念書。

現在，我已經回到校園三年了。雖然會很想念家人和老朋友，但是我比以前還要快樂。我認識了新朋友，還有美好的環境可以養育孩子（雖然這裡有時會有一點無聊）。我很想念以前的工作，但是我把那份工作想成很多人的第一段婚姻：它在當時的確發揮作用，但是卻不可能讓我得到長期想要的那種生活。我再也不想要有那麼長的工時；我再也不想要接受公司突如其來的變化；我再也不想要浪費生命幫助有錢人變得更有錢。所以，這一次我想要把人生花費在幫助他人擁有更好的生活，並且可以每天晚上在家陪伴家人。」

——娜歐米

轉變也能令人感到興奮。沒錯，它也可能把你嚇得半死。但是，你對這種事別無選擇，所以不如不要再想那些嚇人的部分，這樣才能幫助你評估之後將會出現的令人興奮片段。被辭退可能表示你對這個職位不再熱情，如果真是如此，你就有機會去找自己比較喜歡的東西；若是因為和老闆發生衝突，就表示你不需要再面對對方。

如果你是因為公司大量裁員，所以才會被解僱，而且你的工作並不是那種全國只有少數幾個職缺的特殊工作，你就可能再次找到類似的工作。如果找不到的話，或許這是一個自行創業的機會。你可以重返校園，或是到你希望更深入了解的機構裡擔任志工，像是動物收容所或社區花園，藉此重新充電。你可以更新履歷，馬上回到職場；或是你也可以找到自己想要的下一份職業，想辦法實現。

記得要繼續前進

無論在什麼情況下，都要擁有強大的支持網路。能夠擁有伴侶、朋友和家人的一路支持，是撐下去的關鍵。若是你現在還沒有可以依賴的名單，就趕快寫下來。三到五個人就夠了，擁有一份在任何狀況下都適用的緊急支持名單，能讓你覺得不那麼孤單。找人幫忙可能很難啟齒，但是我們每一個人其實都需要他人的協助。不論你是怎麼離開職業或工作的，人脈都很重要。

真實案例：別用過去來定義自己

「我完全不敢相信我竟然會想要離開我的工作；當時，我是知名雜誌的專欄作家。我對我的專欄主題很有熱情，也成為該領域受人敬重的專家，甚至還寫過兩本書，有一陣子還是廣播節目的常客。在我完成這些目標之後，我竟然會想要辭職？但是我的確要辭職，而且我也這麼做了。讓我震驚的是，我對自己失去這個身分竟然會感到如此難過，而且花了很長一段時間才不再把自己定義為『我以前是專欄作家……』。大約三年後，我在一場派對上，又被問到這個難以迴避的問題：『妳做什麼的？』而我說：『我是技術文件工程師，也騎馬。』我的朋友笑了出來，說：『她還曾經寫過兩本書，寫過雜誌的專欄。』那時候我才發現，我已經完全忘記用過去來定義自己了。」

——瑞姬娜

即使你的工作曾經就是你的身分，創造一個全新的自我也會令人感到興奮又充實圓滿。你可能會發現自己比較不害怕承擔風險了，反正你已經失去這麼多，這種快速恢復的能力可以讓你充滿熱情，追尋想要的道路。別忘了，許多成功的事業第二春，甚至是第三春，都是發生於被辭退之後。

根據一項近期的工作滿意度調查指出，對自己的工作感到滿意的人只占不到五〇％[2]。如果你能做好工作，並且感到滿意，你才是最終的贏家。

被斷絕關係的那一方能怎麼做？

一、工作雖然能賦予你一部分的身分，但是離開工作也能讓你創造出全新的身分。

二、離開時要心存感激，不要說老闆或同事的壞話，就算他們該罵也不行。

三、尋求支持。告訴他人，你的現況或是接下來想要做什麼。

四、為一個時代的結束會造成的各種情緒性反應做好準備，不管是離開一家公司或一份職業。

五、記住：重新開始就是重新注入活力。

第十章
離開其他不那麼重要的人事物

和不那麼重要的人告別，
只是結束一切，繼續向前的好方法。
這種小型的告別可以幫助我們繼續前進，
而且對你和你的人生來說可能具有比表面上還要重大的意義……

你投入在某段關係（像是你的職業、平輩堂（表）親或社群）很長一段時間後，一旦面臨分開，要與其他人事物告別，似乎就會變得很輕鬆。

無論如何，這些在你生命中出現過的人，他們雖然只占了你一小部分的時空，但卻仍曾經在你生命中出現的人物。這些人可能是你的鄰居、每天早上為你沖咖啡的服務生，或是每隔六週就會幫你除一次陰毛的除毛專家。與他人建立關係，但是後來卻不願意讓他們繼續折磨你的時候，你也應該好好道別。

然而事實是，我們若要與靈媒或銀行行員之類的人結束關係，通常不會這麼「正式」（而且靈媒照理來說應該可以預卜先知，不是嗎？）。同一個牙醫看過兩次，後來決定換另一個牙醫試試，難道需要特地告訴牙醫，我們不會再來找他洗牙嗎？恐怕不會如此。不過，我們有時候的確會建立一些超乎泛泛之交的關係。

你可能不會每週都打電話給你最喜歡的瘦身教練，讓她知道你在這一週健身過後全身痠痛，或是諸如此類的小事。但是，如果固定參加某個訓練課程或私人訓練，上過幾次課後自然就會與對方建立關係。停止課程一個月後，如果在健身房碰面，或是被他們看見自己正在大啖甜甜圈，就會有點尷尬了。

或許你會說，偶爾撞見那個被你列為拒絕往來戶的理髮師，你可以泰然處之；或是如果你覺得自己每次碰見前任管家時，能夠把對他的厭惡隱藏得很好，就隱藏吧！可是，如果可以不用擔心彼此碰面會有疙瘩的話，不是很好嗎？如此一來，你也就不需要明明不在乎對方，卻假裝自己還在意；或是明明在意得要命，卻故意裝做不在意。老實說，這樣你才會知道要怎麼應對。

和這些人告別時，其實完全端視你願意為對方釋出多少善意。每個人在這個部分都無法做到完美無缺；事實上，告別的每個部分都很難盡善盡美。然而，如果你想告別的對象曾有過那麼一次被你所在意，他們應當不會介意聽見你說出要離開他們。況且，如果你和對方已經認識一段時間，感覺對方已經變成你生活中的一部分，難道你能做得到改變你的安排（如洗牙、瘦身或理髮），卻不告訴他們計畫會有所更動嗎？

讓雙方都獲得成長

和這些不那麼重要的人告別，好像伸懶腰一樣簡單。而且更簡單的就是讓這一切悄悄結束，根本不用為了這種關係的結束或開始而小題大作。要和真正在意的人告別已經夠難了，又何必與不那麼在意的人告別呢？

雖然這些小事不難處理，但有時真正重要的卻是這種微不足道的事。這類告別大多不需花費很長的時間，來了解這段關係究竟發生什麼事。和不那麼重要的人告別，只是結束一切，繼續向前的好方法。這種小型的告別可以幫助我們繼續前進，而且對你和你的人生來說可能具有比表面上還要重大的意義。

告別這些人可以讓彼此成長。對於提出告別的一方，告別讓你有機會練習對他人開誠布公，雖然這種告別可能會很怪或很難；告別也能讓被告別的一方檢視自己的行為，看看自己是否因為做了什麼或沒有做什麼，才會導致你決定要停止繼續接受他們的服務。提出具有建設性但不批判的回饋意見，就能幫助身為服務提供者的他們成長，也讓身為溝通者的你成長。

換做是我，如果一個常常見到的人突然消失了，我會想要知道發生什麼事，也會希望他們還活得好好的。沒錯，我的確會擔心他們是否出了意外，這或許是我想太多，但是也真的發生過。如果我會這麼想，相信別人也會有同樣的念頭。所以，就算不為別的，也要為了消除他人在這方面的疑慮而要好好道別。即使你只安排三次的體適能訓練課程，也要記得在最後一次謝謝教練，並且讓他們知道課程已經結束，才能為這段關係清楚劃下句點。

對於那些曾經幫助你的人，你特別應該讓他們知道你的決定。他們可能曾經幫你照顧小孩或是照料家務，如果不讓他們知道原因就不再使用他們的服務，是很不成熟的舉動，而且他們可能需要你的薪水才能過活。當然，隨便捏造一個藉口很容易。然而，當你覺得問題出在他們的身上時，卻和他們說不是對方的錯，或是你告訴他們下一次有需要時會再聯絡，其實你根本不打算這麼做，這些都會讓對方空等你的電話，並且懷抱著一切都會變好的希望。即使他們不是非得依靠你給的薪水才能過活，你也不應該這麼做。因為不願正面回應對方，就表示你是習慣逃避事情的人。

真實案例：有時候，別人也有他的人生要過

「在我的女兒三個月大，而我也正準備返回工作職場時，我的保母突然離職了。我本來就沒有很信任她，但是身為一個職業婦女，我對幫忙照顧孩子的保母虧欠甚多，所以也只得接受一些不完美的狀況。因此，當我很快就找到芙蘭來代替原來保母的職務時，簡直就是如獲至寶。芙蘭是一個年輕的媽媽，住在附近，有兩個小孩。

芙蘭聰明、甜美又充滿朝氣，每天我都十分放心把「最寶貝」的孩子送去她家。保母與母親之間的關係會有一種安全感和親密感，如果這段關係完美無缺，就會非常特殊；如果這段關係被奪走了，則會令人難以承受。每天，芙蘭都替我擔任八小時的母親。所以，要說我和她發展出一段關係，其實是很簡明扼要地切中核心。

芙蘭幫我照顧三個月大的女兒，照顧到她幾乎滿兩歲時。她要與我道別的那一天傳了一則簡訊給我，說她那天下午必須和我談談。我的心不禁一沉。前往她家的路上，我一直在哭，因為我知道她要告訴我什麼事，但卻不知該如何是好。原來她家就要被法拍了，所以她和家人必須搬去與公婆的同住。

我陷入恐慌之中。我可不可以乾脆買下那棟法拍屋，再把房子租給芙蘭？我們能不能借她

錢，幫她度過難關？事實上，我什麼也做不了。芙蘭二十六歲，有兩個小孩，丈夫在當地一家雜貨店的屠宰部門擔任副理。我不能只是為了迎合自己的需要，而改變她的狀況，所以我必須放她走。但是，情況並沒有那麼單純。

一個月後，我決定去找芙蘭，因為我女兒一直吵著要找她和她的小孩。她會不會願意和我在百貨公司的遊樂區見面呢？她答應了，而我們約好日期，但卻沒有說好時間。所以，在那個週末，我傳了三則簡訊給她，也寄電子郵件給她，想要確認見面的時間。但是，她卻沒有回覆我，讓我感到十分訝異。一定是有什麼事發生了，而我無法控制。她沒有使用社群網站，所以我也無法透過這個管道找到她。但我還是不停地嘗試。每隔幾個月，我就會上網搜尋她的名字，想要知道是不是發生了什麼事。某天，我發現她公公的訃聞，所以我就認定一切都是因為家庭的因素。但是，我一直覺得心裡不踏實。

我真的覺得芙蘭就像是拋棄了我，但是毫無道理，因為她是員工，而非雇主。而且她是真心關愛我的小孩，所以在我的心中，這一切不可能就這樣結束了。在某方面，我曾經對她抱持的信任好像不知怎的就消失了，只是因為她不見了，也不想要知道我的女兒過得如何。這不合邏輯，但是我還是停止搜尋她、停止寄信給她，也停止繼續找她。

直到有一天，我們看見了她。

最後一次聯絡的一年之後，我們在當地的一家超級市場，我丈夫看見芙蘭的背影，她和她的兩個孩子在一起。我快速跑了兩排貨架才攔下她。她轉過身時嚇了我一跳。她變得好瘦，瘦得不得了，而且她又懷孕了。我們寒暄問候時，她支支吾吾地想要找藉口。她說她的克隆氏症（Crohn's disease；譯注：是一種慢性發炎性腸道疾病）加劇，現在每週都要看兩次醫生。房子並沒有被法拍，他們也搬回去了。她無法工作，她懷孕八個月了。我突然明白，她其實並沒有拋棄我的女兒，也沒有拋棄我。她只是有自己的人生要過，而且這個人生非常難過。我笑著對她說：『有時候，告訴某人故事的一切會比想辦法度過每一天還要困難。可以看到妳，知道妳沒事，我真的很開心。』她看起來鬆了一口氣，也露出笑容。我祝她好運，然後道別離開。」

——艾咪

這些關係為何會結束？

有時候，這些關係之所以會結束，是因為我們不滿意服務本身或提供服務的一方；有時候，則是因為地點或搬家的關係。如果搬家的話，可能就會再也無法去找我們喜歡的按摩師了。

這些關係結束的另外一個原因，是由於時間上的衝突。例如，你替小孩的生日派對找了表演者，但是直到最後一刻他們才說無法到場；或是你的醫生一直無法找到適合你的時間。總之，我們與他人告別，有時候不見得是因為他們做了什麼，而是因為他們無法做到什麼。

在這些情況下，你就有了可以輕易離開這段關係的很好理由。此外，如果不是因為個人因素導致告別，就務必請他們把你介紹給符合你需求的其他人。請他們幫忙，就表示你很重視他們的看法與建議。不過，除了因為你們無法安排符合彼此需求的時間以外，你也的確無法繼續忍受對方，就讓他們離開，並且要對此感到開心。

評估告別的方法

如果你和對方很生疏，這段關係就可以結束得很直接自然。但是，如果你們擁有不少一對一的互動，像是對方知道你家住在哪裡、你有幾個小孩、你的狗喜歡上哪裡便便，或是你早上都喝什麼樣的咖啡，事情就會變得有點私人。這段關係若是不再適合你，結束的方法有好幾種。

雖然你可能會覺得對方非常需要你的薪水或安慰，但是你並沒有責任成為他們的生財或慰藉的來源。如果你是因為覺得自己有義務幫助對方，所以才會一直找他們，你只會讓自己無法遇見其他更好的對象。無法嘗試別的服務，並且認識那些提供服務的人，就是在阻止自己尋找最適合你的事物。儘管無法繼續提供十八歲的遛狗幫手經濟上的援助，可能會讓你十分難受，但是你真的不用繼續僱用她，因為在她幫你清理狗大便的同時，你也在幫她收拾爛攤子。你最終還是需要做出對自己最有幫助的事。

每次告別都是不同的，但是結果卻相同。結束這種關係就和結束其他類型的關係一樣，你可以選擇面對面、打電話、寄信、傳簡訊或消失。

如果對方的工作是要幫助你，在結束這段關係，完全離開對方前，請先自我檢視一番。例如，對方是你的心理治療師或私人教練，詢問自己是否設立實際的目標，並且圓滿達成。你完成當初想要達到的任務嗎？他們是不是為了幫助你，才會一直敦促你，但是你卻把這份好意解讀成傷害？

造成關係終止的決定性因素

你不確定是否要和你的醫生或遛狗幫手告別嗎？就看看以下的決定性因素，這些因素適用於各式各樣的關係類型。

- 你花費太多時間與精力在想著對方。
- 你太在意對方的想法。
- 你時常因為對方的言行而感到不悅、憤怒或受傷。

- 這段關係已經無法帶給你任何東西了。
- 你覺得你比你的心理治療師還清楚要如何治療自己；每次剪完頭髮，回家後你都要自己再修剪一次。
- 你很害怕見到對方，而且渴望不要再見到他。

你也要想想，自己在對方身邊時感覺到的舒適程度。當你見到對方時，他們讓你產生什麼感覺？是否很溫暖？你會緊張、噁心？還是身體刺痛或緊繃？找出感覺之後，試著找出這些感覺的來源。這些感覺是來自你的肚子、胸部，還是頭部？這些都能解釋你的真正感受與真實想法。

這麼做不僅能解釋你的感受，還能幫你把不再想見到他們的理由付諸言語。一旦確定自己已準備好要停止這些感受，不想要再見到你不喜歡的人，你就可以擬出一個行動計畫。

只有你自己才可以決定一段關係是否值得經歷正式的告別。一旦決定好了，就要選定放每個人（也就是你和被你甩掉的那個人）自由的方法。事實上，我們在大部分的時候都只想要選擇容易的方式，讓這類關係就像西非黑犀牛一樣迅速消失（然而，不幸的是這個物種真的已經滅絕了）。然而，你不會希望碰巧在菜市場見到對方時，感到無比的壓力；或是你可能會想要獲得一些不錯的溝通經驗，為你的人生加分，或練習放手的藝術。總之，好好告別吧！這樣你才能夠學習如何清楚表達自我，也比較不需要擔心日後意料之外的相遇。以下提供三個選項，給準備好要告別的你。

選項一：不要拖延，誠實以對

有些關係結束得快，要告別也很容易。沒有人會覺得氣憤，日子照常地過。彼此心照不宣，知道這段關係結束的原因，像是距離、意見不合或其他因素。但是有時候，事情並沒有那麼簡單，開誠布公將會變得十分困難。

我們在這個社會裡，很少有機會練習誠實這件事。我們常常聽說，當好人會比說出事實還要簡單。前者讓我們在他人的眼中看起來很好，也能讓對方感覺良好。

然而，誠實是很棒的方法，可以讓你學習有效溝通、懂得聆聽他人對你的看法。如果可以誠實以對，特別是在某件事發生後，自己也能覺得輕鬆不少，因為你再也不必把祕密藏在心裡。不過，誠實並不代表你要把所有的細節交代清楚。誠實只是表示，你要發自內心地讓對方知道這段關係為何會結束。

例如，你剪完頭髮，卻發現你不喜歡剪完的髮型，你就要馬上在這件事發生之後把你的想法告訴理髮師。你可以說：「我覺得這個髮型好像不是我想要的，只不過既然已經剪了，我會先回家，如果隔天還是覺得不喜歡，就要去找另一位理髮師幫我更改造型了，希望你能諒解。」或是「現在我的情緒太過激動，沒辦法再回來找你剪頭髮了。」

倘若你無法直言說出你不想再見到他們時，可以告訴他們結束的原因。這些原因說不定是很好的理由，像是你剛剛丟了工作，經濟能力不如以往；也許你可以告訴他們，他們在前幾次會面時都遲到，讓你覺得他們很不尊重你的時間。不管採取什麼方式，都要找個方式告訴對方，他們無法滿足你的需求或是你無法達到他們的需求，這樣才能讓對方清楚明白這段關係為什麼會結束。

如果你要終止醫療相關的服務，這個方法也很好。如果你在醫院，並且當下就知道你不想再回來，告訴他們原因將會對他們很有幫助。如果你是因為醫院員工的某些行為，所以才想要離開，他們應該想知道發生了什麼事。誠實說出哪裡出了問題，就可以幫助對方未來變得更好。所以，告訴他們，你是因為等待時間過長，或是助理讓你哪裡不滿。這樣一來，他們就能努力做出正向的改變。在那之後，就不必多說了。你沒有必要再去找他們，但給予寶貴的回饋將是提升服務品質的絕佳工具。

真實案例：再見，我的皮膚科醫生

「我被我的皮膚科醫生甩了。我們因為價值觀太不相同，所以分道揚鑣。除了讓我們在一起這麼久的那些共通點以外，我們之間的世代差異實在太大。

例如，我幾乎每件事都靠網路完成。我要完成每一個任務，都不能沒有網路；或是少了網路，我得花費三倍的時間才能完成。相反地，我的皮膚科醫生完全沒有電子化的看診紀錄、網站或電子郵件（據我所知）。

我們對於醫病關係的本質也有很不一樣的看法。雖然我會想要喜歡我的醫生，但是我不覺得有必要和他們當朋友。我不認為每次看病都要聊到我的私人生活，其他大部分比我老的病人則是比較喜歡到熟人那裡看病。他們例行看病時，都會和醫生聊天，建立相互的信任。

我是這位皮膚科醫生到目前為止最年輕的病人，顯然也是唯一行程很滿的人。其他病人不只準時看病，還會提早抵達醫院，在候診室裡冷得半死，享受喇叭傳出的慢歌與重金屬搖滾樂曲。我也顯然是唯一想要速戰速決的病人。湊巧的是，我每次都必須等上一個小時，診療時間卻只有五分鐘。

過了將近四年，時間觀念的落差已經變得相當嚴重。我想了一些有創意的辦法，要求醫生讓我可以及早就診完畢。他們建議我去找其他可以符合我需求的醫生，並且寄了一則安・蘭德斯〔Ann Landers；譯注：這是一個筆名，曾被兩位作者使用。作者會在報紙的專欄「Ask Ann Landers」回答讀者寄來的各種問題，專欄連載逾五十年，後來成為美國家喻戶曉的文化象徵，當今也有類似的專欄，像是「安妮的信箱」（Annie's Mailbox）等〕在一九九三年寫的專欄給我看，內容是關於醫生總是遲到的原因。我很感激有人在這段關係中先喊卡，並沒有讓場面太過難看。

對我的皮膚科醫生來說，我是一個沒有耐性、享有許多權利的千禧世代族群，想要任何事情都立刻得到或做到。但是對我們來說，我們生長在科技效率至上的時代，加上由於受到嬰兒潮世代的經濟環境影響，必須每天忙著兼差，支付他人認定會為我們帶來穩定經濟條件的學貸。因此，我們認為那些嬰兒潮時期出生的老一輩人才是不為他人著想的人。他們不懂我們身為病人的需求，更不懂我們的職場充斥著接受許多教育卻無法得到工作的人才，所以準時是多麼重要的事。

種種的因素，導致不同的世代有不同的價值觀、禮節的觀念也不相同，冒犯我們的事物也不一樣。為了走出這次告別，我去看了別的醫生。得重新振作！」

——緹瑪莉，本故事原刊登於《費城週報》（*Philadelphia Weekly*）1

沒錯，誠實需要勇氣，但是即使結局不如預期，你總是試過了。而且，這或許是對方從未得過的真誠回饋。他們說不定會很感激，要求你再給他們一次機會。當然，也有可能不會。然而，無論如何，誠實具有一種不做作、赤裸裸之美。

選項二：慢慢的結束

有些關係則結束得很緩慢。因為你遲遲沒有結束這段關係，這類告別通常會變得很冗長。你可能會慢慢處理問題，小步小步向前。但是，因為你不知道何時才會結束這段垂死的關係，整個過程可能持續數個月，甚至是數年。這可能會把你綁住，但是也讓你可以伺機而動。

如果你還需要對方幫忙，只是不甚滿意他們的服務，這個計畫就是一個不錯的選項。你不需要立刻趕走保母，而是可以縮減工時，同時繼續尋找新的幫手。當你找到新的保母時，請提前兩週告知原本的保母，或是支付兩週的薪水。畢竟，這是他的工作，而這也是終止合作的適當禮儀。你也可以告訴對方，你很樂意為他未來的工作寫推薦信，漂亮地結束這一切。

這個方法沒有一刀兩斷會有的效果，但是卻能讓你慢慢離開對方，不用直接切得一乾二淨。針對那種每天都會見面的教練，這是很不錯的選擇。你或許不想要完全結束健身課程，但是你可以從一週五天減少到兩天，接著再減到兩週一次、一個月一次，直到完全停止。

針對這類關係，務必清楚規劃自己的行程。盡量提前通知對方，他們才不會覺得太過突然。提前告知可以讓對方開始尋找新的客戶，或是計畫即將來臨的空閒時間。

所以，要怎麼結束這種告別？下一次去見你的心理治療師時，如果你已經準備好要結束治療，就直接告訴他們。心理治療師「終止」一段關係時，喜歡使用一種特定的方式，所以他們可能會想和你討論接下來還剩幾次會面，這就是他們結束一切的方法。你的心理治療師可能會建議再會面四次，但是如果你只想要再一、兩次，就你說了算。他或許不認同你的決定，但是也不能強迫你留下來。

選項三：來得太快而令人措手不及的告別

並非每一次告別都能按照原定計畫進行，所以最好在談告別時就順著情勢走。例如，你正和心理治療師告別時，對方可能反過來吵著要告別。「我和我的心理治療師告別時，對方的肢體動作與情緒反應就像和情人告別一樣。」我的臉書朋友愛紗說：「她以前總是告訴我，要展現脆弱的一面、要表達真實的感受、要和他人產生連結、要與他人產生共鳴。當我表示覺得沒有看到治療的成果，並且覺得沒有達到所想要的進步時，她竟然說再也不想看到我。」

你可能必須面對一個你以為有受過訓練、懂得處理情緒的人所做出的情緒反應；或是當你告訴保母要辭退他們時，他們可能會馬上就有了情緒，在你準備要讓他們打包離開的前幾週，就直接轉身走人。

告別可能不如你的預料，所以要準備好順勢拆招。事先預備一份可用名單，列上其他心理治療師、保母或提供其他服務的幫手，這樣一來，就算告別分得毫無防備，也不會有問題。

揮手時記得說聲謝謝

如果這段關係結束得很平和，你可以選擇下述兩種方式來感謝為你提供服務的對方。第一種方式需要花一點錢，第二種方式則不用。如果你有不錯的收入，可以在最後一天多給對方一些獎金，展現你對他們照顧小孩或操持家務的感恩之情。即使你可能在私人方面和他們並不是很合得來，但是若能藉此認可他們的專業能力，將是一項高尚的舉動。

如果你沒有錢這麼做，或是覺得他們不值得獲得獎金，可以寫一封感謝信。例如，自從上次剪了有史以來最糟的髮型後，你再也不敢踏進那家理髮店一步。那麼，不如寄一封感謝信給你的理髮師，寫下他們沒有搞砸的那些部分，表達你的感謝，這麼做可以讓他們對這段關係留下良好的印象。接著，告訴他們你要離開的消息與原因。收到一封感謝函兼告別信或許會讓對方有點吃驚，但是改天如果不小心遇到了，也比較不那麼可怕，他們說不定還會很謝謝你告訴他們這件事。

事前規劃是你唯一能做的

告別沒有一個完美的公式可循。儘管你沒有理由這麼做，但是你欠每個當事人一場勇敢面對、誠實坦白的告別。關係如何結束，有可能會影響未來某些事物的發展。雖然無法預測告別的結局，但你還是可以選擇自己想要的方式。

逃避告別，就表示你日後遇見對方時可能也會逃走。可是，如果能夠勇於面對這類關係的結束，以後見面就會比較容易打聲招呼、寒暄問候。如果是慢慢進行，也就是一邊尋找代替的對象，一邊讓對方消失在你的世界中，可以讓你離開得比較自然，也讓你有機會繼續和對方來往，但是不再接受對方原先提供的服務。

例如，如果告別是建立在互相諒解與同理心上，你還是可以邀請前任保母參加孩子的生日派對，讓仍然關心小孩的對方可以看看孩子；你可以把醫生介紹給你的朋友，即使對方可能不適合你；還有你也可以繼續到前任理髮師工作的商場購物。如果沒有好好告別，以上這些選項可能都不存在。

我們都會犯錯，但是也都可以從中學習。與他人告別可能無法按照你所計畫的那樣，可是沒有任何事可以永遠照著計畫進行。有時候，事前規劃並徹底執行會比掉頭離開來得好。

被斷絕關係的那一方能怎麼做？

一、告別可能來得突然，但是請別因為出乎意料遭到告別，就聽不見對方所說的話。

二、檢視自己在關係中扮演的角色，以及關係瓦解的原因。

三、無法解決某個人的問題，不代表你無法幫助其他人。

四、覺得難過或生氣並沒有關係，但不要因此認為對方是錯的。

五、感謝對方坦誠相對。

第十一章
被割捨的那一方

雖然你可能會覺得難以承受，但是你有一天會明白，
這個人只是你生命中的一小部分。對你來說，重要的人不是只有這個人而已。
告別可以讓你從更宏觀的角度看待事情，
讓你更認識自己，或至少是他人眼中的自己……

不管你是否預見這件事的到來，被斷絕關係就像是一顆難以吞下的苦藥，令人痛苦無比。不僅是脆弱的自尊遭受重創，告別還會來得措手不及，你可能會覺得一頭霧水，或是需要一段時間才能釐清頭緒。但事實是你被甩了、被棄之不用了，不能再盡到身為朋友、家人、醫生或樂團夥伴的職責了。

那種感覺糟糕透頂，這種事情無法粉飾太平。被一個曾經和你建立一段關係的人拒絕，一點也不好玩，特別是在你從未想過要與對方分別的情況下；被對方告知自己已經自由了，一點也不好玩。但是，這種事確實會發生。雖然你可能會覺得難以承受，但是你有一天會明白，這個人只是你生命中的一小部分。對你來說，重要的人不是只有這個人而已。告別可以讓你從更宏觀的角度看待事情，讓你更認識自己，或至少是他人眼中的自己。

另一方面，當被割捨的那一方有時候其實還比較容易。你不需要掙扎到底該不該留下來，也不需要絞盡腦汁決定結束這段關係的方式，更不需要因為不曉得該怎麼做而猶豫不決。雖然被斷絕聯繫很痛苦，但痛苦的並不是只有你一個人。對於提出的那一方來說，痛苦早在告別之前就開始了，甚至還可能延續到告別後很久的一段時間。

選擇結束一段關係，從來不是一個可以快速做出的決定，就像接受告別從來就不容易一樣。在這本書的大部分章節最後，我都會提供一些給予被斷絕關係那一方希望與幫助的小建議，讓你可以試著改善自己的處境。

我們都需要他人的肯定，才能對自己的人生和自我感到滿意與快樂。這些肯定可能來自於學校的好成績或是愛我們的朋友，但無論如何，我們都希望自己是一個善良的好人。

所謂的「分手勝利」，是指在對方忘掉你之前，你就已經走出分手。例如，不打電話、不傳簡訊或不小心撞見過去的摯友時，內心不會沮喪難過；或是把過去的事業夥伴從你的網路世界中刪除，繼續過著你的人生[1]。在這一章中不會談論分手勝利，但是會談到如何再次成為自己人生的贏家。你可以惡言相向，也可以詛咒對方，或是炸毀他們的房屋。但是，這些事情都無法真正讓你好過一點。所以，在覺得自己輸了一切的時候，你該如何贏回自己的人生？

認知如何幫助你堅強走過告別？

如果你覺得別人和你斷絕關係，就表示你無法成功維繫一段關係，未來你就更有可能會在關係中失敗。研究證實，人們情緒低落時更容易自責。普度大學的潔西卡．維特（Jessica Witt）與崔維斯．竇許（Travis Dorsch）在二〇〇九年的一項研究發現，表現會影響一個人的認知[2]。

研究團隊利用球門來判斷認知如何影響足球球員的踢球表現，他們請了一些非專業的足球球員，請他們瞄準球門踢球。他們發現，無法踢進球門的人認為球門的柱子距離太近，所以才會無法踢進球。這些「球員」認為的球柱距離將會影響他們實際踢進的次數：距離愈大，次數愈多。以門外漢的方式來說，看待的視野愈廣，就能取得愈多分。

這項研究十分有趣，讓人想到告別的過程。告別的確是一件大事，雙方都要從一直把彼此困住的情境當中獨立出來，雖然你可能沒有意識到自己被困住了。如果你覺得自己是無敵浩克（Incredible Hulk）或吃了菠菜的大力水手卜派（Popeye），或是覺得自己有很多支持者可以幫助你，你就很有機會可以好好處理告別。假如你覺得自己做得到，就比較可能具備生理與心理上的力量，能夠堅強走過告別。

可是，如果你認為自己就像手拿克利普頓石（Kryptonite；譯注：是出自超人故鄉的一種外星礦石，會使超人喪失超能力，是超人的剋星）的超人（Superman），或是覺得自己十分孤獨、沒有人愛，那麼你不僅會在告別時變得軟弱，還會感到極度孤單且不受喜愛。這是因為當你的認知很軟弱時，很容易就會陷入糟糕或自責的情緒中，覺得之所以會斷絕關係都是「自己的錯」。

只要透過寬廣的視野，你就可以學會在告別時做出最棒的表現。你不會認為自己無法克服告別，而是會相信自己可以做到，所以就不會再次失敗。如果你能告訴自己，這段關係的結束會讓你的人生變得更好，你其實就已經在朝著美好人生的道路上前進。此外，因為認知會影響一個人的表現，所以如果能夠預先看見壞事中好的一面，你就能自信又勇敢地面對告別。

還有阿姆斯特丹大學的那項發現人體會對分手產生劇烈反應的研究（參見第一章）。所以，試著告訴自己，是你的心臟讓自己大驚小怪，實際上這件事並沒有這麼嚴重，這樣你就可以保持清醒。

即使你的大腦和身體都在傳達不好的訊息，這些感覺與想法其實都是短暫的。

讓你好過一些的幾個建議

你想要處理斷絕關係後的低落情緒嗎？試試以下這些行為：

遠離社群網站。如果和你告別的人也是你的臉書或其他社群網站的朋友，就遠離線上的接觸。看見他們每天的動態，只會讓你更難接受現況，還會令你覺得難過，因為你已經不再是他們生活中的一部分。不要接收共同朋友的近況更新，這樣一來，你才不會不小心看到與他們有關的貼文，或是他們和你認識的其他人一起出去遊玩的照片。如果你永遠都不想要再知道他們的現況，你也可以選擇永遠封鎖他們。

下床。雖然你可能因為要工作，所以已經做到這一點，但就算是在沒有其他計畫的時候，你也必須這麼做。例如，走路到商店去買一包洋芋片，或是到俱樂部跳舞。無論你喜歡哪一種方式，只要可以讓你走出家門，就請你出門。好好生活，就不會有時間哀怨。

找心理治療師。與社交圈外的其他人聊聊，也會有所幫助。心理治療師或諮商師都是很棒的選擇，他們可以幫助你走出被甩的情緒。這些人可以協助你找到這段關係讓你所學到的教訓和道理，也能傳授一些處理告別的工具與技巧。

寫信，但是不要寄出。如果你覺得沒有得到想要的告別，寫一封信給你的「前摯友」會是一個淨化心靈的好方式。這個練習很有意義，讓你有機會清楚表達自己的感受，並且加以抒發。你可以寫在信紙上，而後放入信封，再塞進抽屜，幾個月後再回來看。到了那個時候，你就知道現在的感受是否仍然存在。如果在那之前你就已經走出陰霾，當然也能儀式性地把信燒毀。

保持忙碌。填滿你的社交行程，計畫各種活動、約會、度假、做任何事。讓自己有事做總是一件好事，目的就是要讓自己享受時光。這樣一來，你才不會胡思亂想，成為自己最大的敵人。

冥想或運動。讓身體和大腦健康，其他部分的自我也才能健康。

不管你如何看待關係的斷絕，科學研究證實，關係的斷絕確實會影響我們的自我價值與身心健康。這真的沒關係，本來就會如此。可是，當你能邁步向前，並且理解整個過程時，你就能踢中球門，做出很棒的表現。

停止互相指責

倘若你能從對方的角度來看待告別，你是否可以感受到提出告別有多困難？你是否想起自己這一生中曾經提過多少次告別？還是你總是等待著對方先開口？

告別真的是一件非常困難的事。能夠說出自己的感受，並且堅持自己的立場，需要勇氣與堅定的信念。告別並不好玩，要與自己在乎的人結束關係通常是十分嚴肅的決定。如果是你要提出告別，你也可能會猶豫不決。告別的一方會很遲疑，不知道自己做得是否正確。除非這段關係真的很糟，甚至帶有暴力因素，雙方都會很確定分開的決定是好的。告別的一方會既難過又開心，他們也會想念你這個人與懷念過去的一切。

問題依然存在：你過得好嗎？你可能會覺得失落，但是也可能感到輕鬆。你可能會生氣、受傷，覺得被拋棄。你可能會想要把自己的痛苦怪罪在拋棄你的人身上。但是，就算你責怪他，你還是會傷痛，還是必須自己平復。

如果可以停止這種「有人對你做了壞事」的感覺，你就可以開始看見其中的美好。責怪他人讓你如此痛苦，其實對你只是弊大於利。你放棄了自己的力量、你失去了自我控制的能力，你當初說不定也可以提出分手，但是你卻選擇不這麼做。可是，你當初說不定也覺得一切應該改變了，你有能力繼續前進，並且拿出勇氣。但是，如果一直把自己的感受怪罪到他人的頭上，你將不會有任何的力量。

你可能會想，暫時責怪對方可以讓你比較好過，但是責怪的行為長期下來對你其實毫無幫助。一旦認定自己被辜負了，就會很難告訴自己一切都會沒事。

此外，如果一直責怪他人，你就永遠無法學會前進。你不知道被割捨時該怎麼應對，你只會繼續覺得自己是受害者。這就好像你覺得球柱間的距離很小，而不是以更寬廣的角度來看待。

如果你能讓甩掉你的一方負起關係中的責任，並且告別時該負的某些責任，而非一味地把所有的過錯都怪在對方的頭上，你就會感到充滿力量、自信，同時擁有掌控自我的能力。責怪是一種懲罰，而所謂的負責任則是探究雙方在關係中扮演的角色。你或許不同意事情發生的方式，但責怪只是一種試圖釐清狀況的幼稚辦法，負起該負的責任才是大人的作為。

照顧好自己的需求與感受，也是改變現況的好方法。照顧自我可以讓你變成自己的好朋友，好朋友正是當下你最需要的。同時，也要試著從其他愛你的人，或是單純對你印象還不錯的人身上尋求支持。

帶著微笑前進

我知道一些諸如「這是為了你們兩個人好」或「一切都會好轉」的話，是讓人很難聽進去的。

可是，大家都是用這些說法做為邁步向前的辦法，而且這些話的確是很有用。即使告別不是為了你好，因為在你的生活中少了這個人，根本就讓你覺得糟糕透頂，你還是得抱著一切都會好轉的希望。況且，這是目前唯一可行的做法。如果對方覺得你對他們的人生已經沒有好處，甚至不再健康，他們對你的人生也不會再像以前那麼好。

在這些憤怒、悲傷、不甘、喜悅或其他當下的感受之中，一定都有被告別的好處。記住這些好處，我們就更能帶著快樂的微笑繼續前進。

對自己誠實

我從小就聽著「誠實為上上之策」這句話長大。即使受傷了，這句話也是對的。當別人與你告別時，就表示他們正誠實面對這段關係帶給他們的感受，也表示他們懂得花時間照顧自己。現在，換你這麼做了。你能對自己多誠實？終於確定自己的處境，是不是其實讓你鬆了一口氣？終於離開那個不清不楚的灰色地帶，可以移到一個黑白是非清楚分明的地方，你有什麼感受？

仔細想想，你再也不用擔心自己和對方在一起是好是壞，畢竟你已經離開對方了；也就是你再也不需要擔心自己說錯或做錯什麼。而且，對方誠實準確地評估當下的現況，你應該要感到安慰才對，說不定這是你們在這段關係中第一次坦承相對。即使你很討厭他們這麼誠實，但是你也可以學著欣賞這種態度，不是嗎？

代罪羔羊協會

聽過「代罪羔羊協會」（Scapegoating Society）嗎？這個組織成立於一九九七年，旨在協助那些被迫接受他人責難的人，也替那些為了阻止這種事發生的專業人士提供相關資源。如果你正在把告別的責任全都怪在對方頭上，你或許可以去看看這些資源。雖然他們可能並不會讓你好過一些，但卻可以讓你察覺到自己正在做什麼，進而停止這些行為[4]。

自我省思，深刻理解

回想這段關係，並且回答一些以前在關係中從未想過的問題，這會讓你學到很多。例如，你在這段關係中扮演什麼角色？也就是說，你是操控他人的一方，還是被操控者？你會讓步，還是直接放棄？你覺得自己是什麼「類型」的人物？是受害者、情緒起伏很大的人物、主角、僕人，還是軍閥？誰是引起爭執的一方？誰又強化了這種制約？你覺得自己的意見和信念是否受到尊重？你們同意或不同意什麼事？

告別是反省的好機會。看看你們為彼此指定什麼角色，並且分析你們在這齣戲中的「表現」。

當然，一段關係並不是演戲而已，但是你明白我的意思。省思可以帶來深刻的理解，讓你評估自己想和什麼類型的人相處。如果你的前老闆是一個保守的共和黨員，而你卻是無政府主義者，你或許就知道自己不適合與具有某種政治傾向的人共事，因為那可能是你的罩門；或是你可以和他們共事，但是你必須好好想一想下次應該如何處理這種關係。

看見光明的一面

現在，你有機會好好扮演自己了。你被甩了，你無法改變這一點，至少現在不能。可是，如果你願意的話，你可以從逝去的這段關係中找到改變自己人生的正面方法。例如，檢視一下你對對方做過哪些事。如果重來的話，無論是在關係進行的當下或告別的這段期間中，你會做些什麼讓一切變得更好？如果可以改變某些事情，讓一切變得更好，你會願意做出多少改變？最後，如果真的做出改變，你是否會好過一些？

再也不會耗費精力

不好的關係通常具有吸血鬼般的能量，會從你的身上吸走許多精力，有時候就連你自己也渾然不覺。然而，這種關係一旦結束，你就不必再想這段關係的所有問題，也就不必再耗費精力「處理」這個人。

放手後，你會發現自己的精力轉移了。你再也不需要把思緒和精力放在一個不能讓你好好做自己的對象身上，而是可以把精力消耗在其他的事物上，像是你的人生、認識新朋友，以及享受新事物。

精力轉移，焦點也有機會跟著轉移。你會做些什麼，又會到哪裡去？

告別是一種成長

你可能會覺得，結束一段非戀愛的關係是一種失敗。可是，這其實是一個機會。雖然你覺得這段關係在變質之前都是美好的，但是其實仍然會有明顯的進步空間。寫下你在這段關係中有所成長的地方。關係的結束，並不代表關係中美好的部分也會隨之消失。把好的那一面和不好的那一面一併帶走，用這些東西幫助你成長。

自由就表示不再失去

告別終究不是一件「開開心心、快快樂樂」的事。然而，你必須承認自由具有某種令人鬆了一口氣的感覺。你會發現自己才是唯一一個需要對自己的感受負責的人，這個體悟會讓你感覺相當自由。拋下那些被傷害或是被輕忽的輸家感受，你才可以有空間去感受其他事物。你也可以開始探索自我，找到你喜歡感受的東西。你會發現自己現在已經可以自由放下這段關係，追尋其他事物。

除此之外，別忘了你還活著，你的內心還是具有許多生命力。你也可以選擇自己想要的關係、捨棄那些再也不想要的關係。你其實很幸運，因為不會有人再告訴你該做什麼、該想什麼或是該怎麼做。所以，好好把握這個全新的機會。走出去，好好地活著！

「擅長」被甩的方法

「好好生活，就是最棒的復仇，比他們活得好也是。」

「找一位指定聯絡人。每當你很想要打電話、寄信或是傳簡訊給對方時，就聯絡你的指定聯絡人，告訴你的指定聯絡人，你想和對方說的一切。這樣一來，你就不會悶在心裡，也不會說出一些讓自己後悔的話。」

「我不覺得『喝酒、痛哭、聽音樂、荒度週末』這些事，是讓人可接受的反應。我只知道這些對我有用。」

「找事做，不要讓事情惡化。」

「照顧自己、吃得好、睡得好、寫寫東西、保持忙碌，給自己時間，也讓自己有悲傷的權利。允許自己擁有矛盾的情緒是很重要的，渴望復合、體會失去的同時，也要繼續向前。」

「因果輪迴將會解決一切。可能會需要花一點時間，但是最終會解決的。」

「放下！」

「把告別想成是一份禮物。你脫離一段無法滿足雙方需求的關係。每次告別，都是一個成長和發現自我的機會。」

「假裝自己很快樂，假裝一切都沒事，直到你真的做到這兩件事。這聽起來是一個很糟糕的建議，但是真的有用。」

「哭泣、痛苦、心碎，這些都沒有關係。只要記住：這些感覺都是暫時的，以後你一定會好起來的。」

「運動，流很多汗。」

「我發現，到一個從未去過的地方旅行，一直是幫助我前進的好辦法。『成功是最棒的復仇』這句話，也能讓我聚焦未來，而非沉浸在過去。」

第十二章 照顧自己的練習

懂得照顧自己，才能學會把自己的需求擺在第一位，
並且告訴自己唯有愛、正面思考，
以及讓自己好起來的渴望，才能幫助我們繼續前進。
告別之後要學會照顧自己，便能挪出空間憑弔逝去的關係，同時進行省思……

你結束這段關係，一切都終結了。你可能會覺得自己和湯姆．克魯斯（Tom Cruise）在《保送入學》（*Risky Business*）這部電影裡穿著內褲跳舞時的感受一樣快活，或是覺得自己比較像是瓦昆．菲尼克斯（Joaquin Phoenix）在《雲端情人》（*Her*）這部電影裡，沒事就和電腦說話的感受。總之，你可以自行選擇如何享受這段關係的最後場景。

有時，告別最難的地方在於向對方說出口；有時，放手只是痛苦的開端。你可能還沒準備好，即使有所準備也不可能準備充分。因此，告別後要照顧自己會是一件極其困難的事，即使告別是一件「好事」也一樣。

你可能會產生各種情緒，一些未曾預料的感受可能會開始慢慢浮現。例如，你會覺得鬆了一口氣，因為你終於開口告別；你可能會生氣，因為你覺得這段關係被迫發展到只剩下告別這個選項的局面，你很憤怒一切為何會走到這個地步；你可能會傷心，因為你失去許多；你可能會開心，因為你得到許多（你更了解怎麼照顧好自己，也更清楚自我價值）。

哀悼因為告別而失去的人事物，有時候會比對方真的死了還要令人難過。這是因為他們並沒有死；他們的生活沒有了你，照樣能過得下去。然而，你的生活就算少了他們，其實也能過下去。

告別就像是在坐雲霄飛車，你的情緒起伏會非常大，所以之後的自我照顧是很重要的。懂得照顧自己，才能學會把自己的需求擺在第一位，並且告訴自己唯有愛、正面思考，以及讓自己好起來的渴望，才能幫助我們繼續前進。告別之後要學會照顧自己，便能挪出空間憑弔逝去的關係，同時進行省思。這是一個回顧關係、釐清自我角色的機會，也讓我們可以發揮創意、學習表達自我，同時，更能帶給我們成長的空間。等到學會照顧自己之後，我們就能找到真誠面對自我的自由，也能開始享受生命中更多的美好關係。

提出放手後，不管你覺得自己處理得很好、很差或是不好不壞，都要給自己掌聲。因為告別真的很不容易，而你現在已經可以慢慢走出來了。

「不要期待告別之後，就能得到關係還沒結束前得不到的東西。你無法用告別來改變對方，這種方式不可能永遠有效。」

——巴青斯基，人際關係指導

相信自己可以度過難關

你必須全心全意志地熬過告別；你需要不斷試著前進，直到前進變成一個自然的舉動；你必須想像一切都會好轉，雖然可能要想好幾個月，才會真正到達那個境界。當你已經能夠明白整個狀況，或是接受你永遠不可能弄清楚一切的來龍去脈時，你其實就已經在慢慢度過這個難關了。接著，你就可以決定自己是要選擇自由、原諒、忘記或「大發雷霆」。

既來之，則安之

歡迎來到此時此地。你可能因為告別而感到重獲新生，也可能覺得自己好像真的「分崩離析」了。不論如何，接受自己的現況，既來之，則安之。如果你和我一樣容易想太多，或是覺得痛責自己一番會比較好過，你要停止這些行為，做你自己就好。

這不容易，但是其實也相當簡單。你只要說：「我現在就是在這裡。」或是其他類似的、對你有效的句子。如果不想處於現況，就努力前往他方。慢慢來，你總有一天可以抵達；如果不願前進，就永遠也到不了。

你並沒有崩潰瓦解

不是只有你一個人曾與家人、朋友或事業夥伴告別。沒錯，你可能會覺得很孤單；沒錯，你可能覺得生氣或難過。但是，你會走出來的。現在，你得記住，你沒有哪裡不對勁；你很堅強，這一點已經在你做出告別時就已經證實了。你並沒有崩潰瓦解；恰恰相反，你已經自我修復了。

好好感受

無論你有什麼感受，重點是要好好地感受。你的情緒可能就像飛上雲端一樣快活，也可能像是沉入海底一樣覺得快要窒息。無論如何，都要好好摸索這些情緒。把頭埋進枕頭尖叫，或是把最強烈的感受訴諸文字；試試冥想或是自我表達的其他形式。不管選擇用什麼方式來處理你的失去，既然已經失去了，就要好好面對自己的情緒。在斷絕關係的這段期間內真切地感受，這樣便可以更誠實地面對自己的感覺。

感受自己的身體。你的身體感覺如何？少了這件事或這個人帶給自己的沉重壓力，是不是覺得身體更輕盈了？肌肉會不會很緊繃？是否覺得變得自由了，四肢可以自在活動？你是否準備好登上最高峰，在山頂上唱著《真善美》（*The Sound of Music*）電影原聲帶專輯裡的歌曲？

還是你很訝異自己覺得全身像洩了氣一樣？你是否對關係的結束感到極度傷心？你是不是跌入絕望的深淵，不知道要怎麼爬出來？

你可能介於中間的位置，在悲喜的兩端搖擺。當然，你也可以什麼感覺都沒有，繼續過著自己的生活，順著自己的步調慢慢走出告別後的時期。

無論你有什麼感受，世上並沒有一個最直接的策略能讓你悼念失去的關係。這些感受如果變成阻礙，你一定會找到方法度過。感覺都是短暫的，就連那些我們希望能永遠存在的感覺也一樣。記住這一點，並且利用其他工具幫助自己平復情緒，像是與心理治療師聊一聊、做瑜伽、走出家門把一切拋諸腦後，或是聽你最愛樂團所唱的歌曲。總而言之，面對自己的感受，你就一定能度過難關。

跟隨直覺

直覺非常神奇，直覺不受拘束，而且經常清楚有力地表達出我們的感受。我們應該聽從直覺，因為直覺是對的。直覺提醒我們一件事：唯有我們自己才會知道什麼是對我們最好的。不管是這本書，還是其他的書籍、人或媒體，可能都會告訴我們「應該」擁有什麼感受。但是，只有我們自己才會知道自己的真實感受。

聽從你的直覺，直覺真的在告訴你一些事情。這不表示你不應該徵詢他人的意見或建議，但是這些意見或建議必須先進入你的內心世界，經過一番處理。聽從你的心，但是傾聽你的直覺。因為你的內心總是想要什麼就要什麼，可是你的直覺卻能辨別出什麼才是對你最好的。

因此，隨著你走出關係斷絕的期間，要學習內省。你的內在發生了什麼事？自我的動物本能在告訴你什麼事情？你的大腦所說的和你的內心想要的有什麼不同？如果你能碰觸自己的「內在」，就會發現你其實正處在可以幫助自己的絕佳位置。這聽起來很耗費心力，但是也可能提振你的士氣；全都要視你如何看待。

設定自怨自艾的時限

一段關係結束後，我們通常會花費好一陣子自怨自艾。為了幫助你度過悲傷的循環，身為婚姻與家庭心理治療師的雪莉·梅爾斯（Sheri Meyers）提出「自怨自艾節食法」（Obsession Diet）[1]。她建議，分配一些固定的時間，例如：每小時五分鐘，允許你自己陷入告別造成的負面情緒。設定計時器，五分鐘一到，等到下一個小時前都不能再自怨自艾。每天都要減少時限。所以，如果一開始設定五分鐘，接著就要減少為四分鐘、三分鐘，直到完全不給自己時間自怨自艾。

這不僅是學習控制自我情緒的好辦法，也讓自己有發洩這些情緒的權利與時間。

你可以舉辦同情派對，也能練習設定自怨自艾的時限。邀請一些好友參加，並讓自己在派對上痛哭一晚。畢竟，這是你的派對。請朋友帶一些可以幫助你忘卻告別的禮物，像是桌遊或外出邀約等。讓賓客在簽到簿上寫下一些勵志的文字，以及好玩的活動建議。這樣一來，就算派對結束，你也仍然會有許多有益處的句子和活動，可以幫你度過這段困難的時期。

進行淨化的儀式

聽起來好像有點古怪，但做出一些特殊的舉動是清空過去的好方法。我和朋友曾經到某座島嶼附近的一座小島度假（是的，那裡很偏遠），我們圍了一個儀式聖圈，藉此幫我走出與朋友絕交的痛苦。在這場儀式中，我們燃燒鼠尾草，藉此淨化彼此，也淨化我們圍出來的圓圈（譯注：燃燒鼠尾草的舉動在古代的西方世界常被用來做為淨化的儀式。古希臘羅馬人認為，鼠尾草的煙可以賦予人們智慧與敏銳的心智；阿拉伯人也認為鼠尾草具有永生的效果。現今仍有一些人會進行這類象徵的儀式，忘卻過去、洗滌心靈）。

我把這個動作視為必須繼續向前的標誌。我用鼠尾草做為一種象徵，引導我進入更清晰的思維之中，這個動作也象徵性地讓我從痛苦的思想中釋放。

如果你不喜歡燃燒鼠尾草這個儀式，你可以找一個適合自己的。例如，把你和摯友的照片全部埋在後院；或是清理房屋，把嫂嫂上次造訪時殘餘的負面能量清除乾淨；如果是和事業夥伴拆夥，或許就可以燒掉所有的文件（前提是你不再需要這些東西）。

淨化儀式可以讓你反思一些事，提醒自己，你是自由的，可以去做自己想做的事。

一切都是因為愛

芭芭拉．佛列德里克森（Barbara L. Fredrickson）博士在著作《愛是正能量，不練習，會消失！》（*Love 2.0*）中曾經說過，戀愛以外的關係對於人類的成長與生存至關重要。她說：「愛是你身體內每一個細胞渴求的重要養分——與其他人連結、溝通的正能量[2]。」

愛就像陽光：我們需要愛，才能健康成長。現在，你有更多空間可以容納生命裡的愛，所以你會更加茁壯、更加堅強。萬歲！

聆聽音樂

音樂具有強大的力量，可以幫助我們前進，美妙的旋律能瞬間療癒我們的心靈、改變我們的心境。有沒有哪些歌可以讓你覺得世界就在你的腳下，或是讓你情緒好轉？建立一份播放清單，收錄那些可以讓你提振精神的歌曲，心情不好的時候就聽聽這些歌。

不要去想復合的可能

要讓自己不抱復合的希望，是一件很困難的事。即使你現在很討厭他們，想到他們已經不在身邊，你可能還是馬上想把他們找回來。（這就好像在第一天進行節食時，杯子蛋糕對你造成的影響。）或者你可能會希望，對方要是可以改掉那個讓你非常不爽的一點該有多好。你可能會幻想，有一天你們可以放下這些爭執，看見彼此在關係中犯下的錯誤。我們每個人都會希望生命中的一切順利進行，但是有時候結束關係反而可以幫助我們導回正途。

三十首告別歌單

需要有人幫忙建立一份後告別歌單嗎？以下列出三十首的告別快樂歌單，這些是我在朋友的幫忙下一起建立的。

1. Survivor——天命真女合唱團
2. Happy——菲瑞．威廉斯（Pharrell Williams）
3. Hayling——FC Kahuna
4. Feeling Good——妮娜．西蒙（Nina Simone）
5. Freedom '90——喬治．麥可（George Michael）
6. Back to Black——艾美．懷絲（Amy Winehouse）
7. Shake It Out——芙蘿倫絲機進份子（Florence + The Machine）
8. Albert's Shuffle——麥克．布魯菲爾德與艾爾．庫柏以及史蒂芬．史提爾斯（Mike Bloomfield & Al Kooper）
9. I Will Survive——不是葛洛莉．雅蓋娜（Gloria Gaynor），就是糕餅合唱團（CAKE）

版本

10. Fistful of Love——Antony and the Johnsons
11. Wake Up——拱廊之火樂團（Arcade Fire）
12. Don't Think Twice It's Alright——巴布．狄倫（Bob Dylan）
13. I'm Not Crying——痞客二人組（Flight of the Conchords）
14. Fighter——克莉絲汀（Christina Aguilera）
15. Groove Is in the Heart——歡娛合唱團（Deee-Lite）
16. Thrift Shop——Macklemore & Ryan Lewis（與 Wanz 合作演出）
17. Beautiful Day——U2
18. Shake it Off——泰勒絲（Taylor Swift）
19. Your Ex-Lover Is Dead——The Stars
20. Solsbury Hill——彼得．蓋布瑞爾（Peter Gabriel）
21. Somebody That I Used to Know——高堤耶（Gotye）（與 Kimbra 合作演出）Tiesto Remix
22. Rolling in the Deep——愛黛兒（Adele）
23. I'll Rise——Ben Harper & The Innocent Criminals
24. You Get What You Give——激進小子（New Radicals）

25. It's My Life——邦喬飛（Bon Jovi）
26. Loser——貝克（Beck）
27. Boom Boom Pow——黑眼豆豆合唱團（The Black Eyed Peas）
28. Don't Stop Believin'——旅行者合唱團（Journey）
29. We Found Love——蕾哈娜（Rihanna）與凱文．哈里斯（Calvin Harris）合作演出
30. Run the World (Girls)——碧昂絲（Beyonce）

在可以繼續前進前，你必須先走出傷痛。時間是療癒的過程中相當不可或缺的部分，只有過了一段很長的時間，你才可以清楚知道下一步要往哪裡走。

雖然針對戀愛關係，一般並不建議這麼做；但是在非戀愛的關係中，雙方的確可以在日後重新建立連結，好友與家人尤其如此。關係斷絕後再重新恢復，事情通常都已經好轉了，至少和告別前有所不同。恢復之後的關係可能不再產生過度的羈絆，而這對情緒容易走向極端的關係來說，其實反而是好事；重新恢復之後，關係也可能變得不那麼親密。然而，結束關係並不表示關係不能進化或更新，一切都要看彼此有了時間和距離時會發生什麼事。

我曾與兩位朋友和一位家人重新恢復關係，在這三次經驗中有兩段關係都好轉了。而在第三個

例子中，我們的關係則改變了。我們已經不再是摯友，好吧！甚至幾乎稱不上是朋友。但是，直到今天，我們還是很喜歡在極其稀少的機會下，互相聊聊彼此的近況。

在提及重新恢復關係時，絕對不可能事先計畫。時機如果對了，就會發生。即使我很希望找出方法重新恢復關係，也不認為可以馬上做到。破碎的關係不可能一下子修復，只有可能繼續保持破碎的樣子。所以，剛告別時不要急著貼OK繃，讓傷口自行癒合。之後如果錯誤修復了，再看看自己有什麼感覺。

要原諒，還是不原諒？

> 「弱者永遠學不會原諒；原諒是強者的特質。」
>
> ——聖雄甘地（Mahatma Gandhi）

寬恕是一種根深蒂固的觀念，宗教方面是如此，文化層次亦然。我們也花費許多時間和金錢請求他人的寬恕。天主教徒會在復活節的前後告解、懺悔；猶太教徒則會在贖罪日請求寬恕；保加利亞人會在「寬恕節」道歉。隨便走進一家藥局，就會發現一整區寫著「對不起」的卡片。

那麼原諒呢？我們常提到原諒嗎？你上一次看到寫著「我原諒你」的卡片，是什麼時候的事？

在某些情況下，例如：暴力，我們很難真正原諒他人。即使你做得到，本書也不會談到這個部分。在大多數時候，要原諒他人很困難，因為我們往往把原諒和忘記相提並論。可是，幾乎在所有的情況下，原諒其實並不是為了對方，而是為了自己。我們不必告訴對方，我們原諒了他們；只要能在心中原諒他們就好，這樣我們才能放手，並且繼續向前。

原諒他人或許是你曾做過的事情中，最困難的一件。所謂原諒，不一定是要你原諒對方搞砸關係的那些舉動；原諒可以是指原諒對方無法成為你希望他們成為的人。你無法把他們變成一個不像他們的人，雖然我們常常花費很多力氣，但就只是為了做到這一點。原諒他們，我們就可以放下對他們的期望，轉而為自己的人生創造新的期望。

接受他人犯錯的可能，你就可以接受自己的不完美。我們每一個人都會犯錯。如果可以設身處地站在對方的立場，體諒他們的過錯，我們也就可以接受自己其實也有搞砸的時候，這能幫助我們放下一些揮之不去的怒氣與痛苦。

如果不知道該怎麼原諒對方，也不知道為什麼要原諒，就捫心自問一個看似有點可怕但卻十分重要的問題：如果對方明天就死了，你能接受自己結束一切的方式嗎？在他們死後，你還會氣他們嗎？還是你會想辦法讓他們安詳離去？如果在他們死後，你能原諒他們，在他們還活著時應該也可以做得到。

如果你決定選擇原諒（同時不一定要忘記），就可以試試「從根本上原諒」（Radical Forgiveness）這個課程。這個課程旨在幫助人們解決關係的問題。我無法保證一定有用，但是如果你有一些預算，想要試一試，可以體驗它們的線上課程，學習原諒父母、手足、孩子和同事。我相信，如果真的很希望這個課程有用，你一定可以讓它發揮成效[3]。

你也可以進行一些原諒的儀式，像是唸出一些句子、抒發某樣東西，或是一邊在客廳大聲播放芙蘿倫絲機進份子演唱的〈Shake It Out〉，一邊跳著熱舞。只要能找到方法原諒他人，不管這個方法是很安靜或很吵鬧，你都能讓生活變得更好。

「寬恕是為了你自己，不是為了別人。把寬恕想成一個過程，而不是只做一次就夠了。每當你想起他人對你所做的錯事，就要重複原諒的過程。原諒可以幫助你治癒傷口、走出傷痛。原諒並不表示你不希望對方得到應得的後果，也不代表你希望他們回到你身邊。原諒只是表示你比那一次傷害還要堅強，你準備好拿回力量，控制自己的思想與情緒。原諒是傷口復元的必要條件嗎？我認為，原諒才能達到完全的治癒。不過，有些人就算不

> 原諒，人生還是過得很好，但是他們仍舊帶著對方的過錯對他們所造成的痛苦。」
>
> ——麗莎．安．鮑爾（Lisa Ann Powell）博士，婚姻與家庭心理治療師執照

現在，讓我們故意唱反調。如果選擇不原諒，我們就能把所有的過錯都怪在對方的頭上了。對別人生氣，會比讓自己難過還要簡單。如果對方看不到自己的錯，我們又為什麼要反省自己的問題？如果不歸咎到自己身上，就能把問題歸咎到他們對我們做出的傷害。而且，有人傷害了我們，究竟為什麼要原諒他們？

此外，原諒他們不就表示我們必須忘記他們對我們造成的傷害嗎？沒錯，蘇格蘭確實有一項研究指出[4]，我們在原諒他人的時候很容易會刻意忘記。但是，這要看那件過錯的嚴重程度而定。忘記過錯真的會怎麼樣嗎？如果不能改變這段關係已經結束的事實，忘記了又有什麼關係呢？

或許理智地看待整件事，你可以放棄原諒。你可以接受他們是怎麼樣的人或不是怎麼樣的人，但是不要原諒他們；你也可以原諒他們，但是不同意他們的行為。然而，如果一直沉浸在痛苦之中，我們很容易會重新揭開傷疤。如果不能找到釋放傷痛的方法，傷口就永遠不會徹底痊癒。

如果選擇不原諒，就問問自己為什麼。你是為了不斷提醒自己對方的缺點與過錯，好讓自己不

允許他們回到你的身邊？（提示：即使原諒他們，你還是可以選擇不讓他們回到你身邊。）或是你緊緊抓著忿恨與不甘的情緒，是為了讓自己還能保有他們的一部分？抑或你就是恨他們，覺得他們不值得被原諒。這個問題沒有正解，由你說了算。

要原諒，還是不原諒？看看宗教與性靈方面的領袖怎麼說

「我個人認為，我們其實常常過度強調寬恕。療癒和寬恕是兩回事。一個曾遭受嚴重暴力或虐待的人即使沒有原諒施暴者，也可以療癒自我。如果過度強調寬恕，受到他人痛苦折磨的一方反而會產生罪惡感，覺得自己缺乏寬恕他人的能力；但是並非所有的罪惡都應該被原諒。當然，如果可以原諒他人——不管被原諒的那一方是否表現出悔過之意、是否願意改變，或是知不知道自己做了一件錯事，原諒的確有可能是很重要，也可以使人自由的一個舉動。可是，原諒不是痊癒的必要條件，更不是被施暴的一方『欠』施暴者的，被施暴的一方如果無法原諒施暴者，也沒有錯。」

——丹恩雅．魯騰伯（Danya Ruttenberg），猶太拉比

「寬恕永遠都是必須的，但卻不一定容易做到，而且也需要時間。無法原諒對方，受傷的只是你自己，怨恨只會讓你困在一個邪惡而沒有愛的世界。」

——麥克．海耶斯（Mike Hayes），靈修導師

「我認為，寬恕是很重要的一件事。因為如果一直帶著怨氣，我們的身體將會受到不好的影響，而身體是儲存感受與情感的地方。怨氣也會影響我們的性靈，我們如果帶著忿恨的情緒四處走動，就會以這種角度觀看一切事物。但寬恕不是忘記，你不需要讓他人以同樣的方式再次對待你，那太愚蠢了。要讓怨氣和受傷的感覺消散，接著開始原諒的過程，必須花費一點時間。」

——蓋瑞．卡茲（Garry Katz），猶太拉比

「我把寬恕當作是放自己自由的一種行為。寬恕與對方無關，寬恕也不見得需要道歉。如果拒絕原諒他人，我們就會活在那次傷害造成的痛苦與失望當中，無法自拔。一旦能夠原諒他人，心情就會變得輕鬆，我們才可以向前走。我們也必須記住一件事，就是寬恕不等於忘記。寬恕並不表示痛苦從未發生。這種舉動只是表示我們重視自己的心靈平靜，認為現在和未來比過去更重要。」

——塔瑪拉．霍希．普瑞基歐索（Tamara Horch-Prezioso），
神職人員、靈氣大師暨直觀諮商

雖然寬恕也有缺點，但是對於做出原諒之舉的一方而言，常常會有拉人一把的效果。然而，我們每個人走出告別的方式都不一樣。雖然寬恕對某些人來說很有用，但並不表示它對每個人都有用。所以，在思考要原諒或是不原諒時，請先想一想哪一種方式對你才最好。如果選擇原諒（但是你也可以永遠不原諒），請為自己而做。

寧可後悔，不願遺憾

多年來，我的腦海中一直存在一句話，一句我在某首歌的開頭聽見的話：「我寧願後悔做了某件事，也不要遺憾沒有做某件事。」

我不確定最初說這句話的人是誰，雖然有人說是《週六夜現場》（*Saturday Night Live, SNL*）的虛構人物傑克．韓迪（Jack Handey）說的。不過，就和「恐懼就是癱瘓的喜悅」這句話一樣，以前每當我覺得自己在關係中或是人生中犯了什麼過錯時，這句話總是會對我有莫大的幫助。直到現

在，每當我開始質疑自己的決定時，就會唸出這句話，牢記以下這一點：我寧願後悔冒了某個險，也不要遺憾自己沒有做出某件事。

和自己在乎的人提出告別，或許就是因為在乎，所以才會說出口，這就是一種冒險。你冒險失去曾經幫助你成長的對方，並在告別之後也冒險失去其他的人，甚至是一整個社群。告別過後，對方可能拒絕接受，或是把你當成痛恨的對象對待。他們甚至有可能會試圖逆轉情勢，反過頭說你才是問題所在，而他們是解答。無論如何，你已經做出決定，就務必堅守到底。

唯有遠離現況，你才能夠知道自己真正想要的，也才知道對方到底會做出什麼樣的反應。唯有告別之後，你才可以回頭去看，明白自己曾經擁有什麼、需要什麼，而沒有這一切又代表什麼。

你會為了失去的一切而感到悲慟。如果你正沉迷於結束關係決定的後悔情緒中，試試健身、藝術創作、和朋友外出、舉辦同情派對、書寫東西，或是進行一趟旅行，讓自己度過難關。如果上述都沒有用，就駕馭後悔的情緒。別忘了繫上安全帶，因為路途會很顛簸。

捨得一切，最後務必「捨不得」你自己

在這個章節即將告一段落的同時，本書也來到了尾聲。我希望你在讀完這本書之後，會發現非戀愛關係的告別並不是無人分享的經驗，希望這本書能讓你產生連結感。當然，每一個人與每段關

係都會有不一樣的告別。然而，告別仍有共同之處：我們都因為告別所失去的一切感到痛苦，也都必須學會填補那塊空缺。

結束一段長久的友誼之後，你可能會尋求其他朋友或配偶的支持，或是開始全新的運動習慣；甩掉那個讓你心神不寧好幾十年的妹妹之後，你可能再也沒有和家人說過話；離開教會以後，你或許找到別的教會，也說不定發現沒有宗教團體的性靈生活才是適合你的。這一切都沒有正解，但有些事情是我們都同意的。最明顯的其中一個是：告別很難，但告別卻很值得。

告別有時是讓自己快樂的必要之舉，有時也對健康十分重要。把告別的過程比喻成減肥的過程，要達到當初設立的目標，可能需要花費一點時間；要度過每天的難關，可能得設立一些較小的目標。若想保持健康，就得規律運動、注意飲食。這些努力雖然會比坐在沙發上看電視還難達成，但是成果絕對值得。如果你很討厭運動，又非垃圾食物不吃，難以把告別想成是減重。就把告別想成呼吸吧！有時候告別就像呼吸，是活下去的唯一辦法。

記得照顧自己，無論用什麼樣的方式都好。照顧自己，就是誠實面對告別，並且真切感受所有的情感。寫寫東西、畫畫或是和自己、心理治療師與支持團體聊聊天，都能做到這一點；閱讀與告別相關主題的書籍或文章，也能好過一些；出外爬山、露營及旅行；努力培養「我做得到」的心態，或是改變外表，如髮型、購物、請人按摩放鬆身體，或是躺在沙發上看一場電影也未嘗不可。

人生是由每一段經驗所組成的。告別就是人生的課本，教導我們人際關係的一切，以及什麼適合我們、什麼又不適合我們。告別就是學習接受，學習負責。告別就是挪出空間，也是堅守自己的空間與立場。

告別很痛，但是你得治癒自己。要忘記一個人需要很多時間，甚至可能消耗我們的精力。然而，告別仍是自我進步的必要經歷。一旦度過告別的難關，就能擁有自由與更多可能性所帶來的全新感受。

處理告別的方式對你人生造成的影響，會比對別人的人生造成的影響還來得大。因此，審慎選擇告別的方法，好好思考你的選擇，最重要的一點是：選擇你所想要的。

注釋

第1章

1. Rachel Zarrell, "This Boston Marathon Survivor Wrote A Breakup Letter To Her Leg Before Amputating It," *Buzzfeed.com*, November 11, 2014, http://www.buzzfeed.com/rachelzarrell/adios-leg.
2. Timaree Schmit, "Timaree's Body: Why Is My Doctor Always Running Late?" *PhillyNow.com*, December 11, 2014, http://phillynow.com/2014/12/11/timarees-body-why-is-my-doctor-always-running-late/.
3. Kat George, "Why Ending A Friendship Is So Much Harder Than Ending A Romantic Relationship." *Bustle*, October 2014, http://www.bustle.com/articles/44167-why-ending-a-friendship-is-somuch-harder-than-ending-a-romantic-relationship.
4. Doka, K. J. Disenfranchised Grief: *A hidden sorrow*. (Lexington, MA: Lexington Books, 1989).
5. Bregtje Gunther Moor, Eveline A. Crone and Maurits W. van der Molen, "The Heartbrake of Social Rejection: Heart Rate Deceleration in Response to Unexpected Peer Rejection," *Psychological Science* 21, no.

9 (2010): 326-333, doi: 10.1177/0956797610379236.
6. S. Halpern-Meekin, W. D. Manning, P. C. Giordano, and M. A. Longmore, "Relationship Churning in Emerging Adulthood: On/Off Relationships and Sex With an Ex," *Journal of Adolescent Research* 28, no. 2 (2012): 166-188, doi: 10.1177/0743558412464524.

第11章

1. Robert Burns, "*To a Mouse, on Turning Her Up in Her Nest with the Plough.*"
2. Sandra Metts, "The Language of Disengagement: A Face-Management Perspective," in *Close Relationship Loss: Theoretical Approaches*, ed. Terri L. Orbuch. (New York: Springer, 1992), 111-127.
3. Tara J. Collins and Omri Gillath, "Attachment, breakup strategies, and associated outcomes: The effects of security enhancement on the selection of breakup strategies," *Journal of Research in Personality* 46, no. 2 (2012): 210-222, doi: 10.1016/j.jrp.2012.01.008.
4. Michael Tomasello, *Why We Cooperate*. (Boston, The MIT Press, 2009).
5. (Marcia Baczynksi, pers.comm.)

第三章

1. Daniel Ploskin, MD, "What is codependence?, *PsychCentral*, 2013, http://psychcentral.com/lib/what-is-codependence/0001170.
2. Gregg Henriques, "Signs of counter-dependency," *Psychology Today*, April 2014.
3. Darlene Lancer, "Codependency vs. Interdependency," *PsychCentral*, January, 2013, http://psychcentral.com/lib/codependency-vs-interdependency/00014263.

第四章

1. S. Metts, W. R. Cupach, and R. A. Bejlovec, "'I love you too much to ever start liking you,' Redefining romantic relationships," *Journal of Social and Personal Relationships* 6, no. 3 (1989): 259–274, doi: 10.1177/0265407589063002.

第五章

1. Lynne C. Giles, Glonek Gary F. V., Luszcz Mary A., and Andrews, Gary R, "Effect of social networks on 10 year survival in very old Australians: the Australian longitudinal study of aging," *Journal of Epidemiol Community Health* 59, no. 7 (2005): 574-579, doi: 10.1136/jech.2004.025429.

2. Fatih Ozbay, MD; corresponding author Douglas C. Johnson, PhD; Eleni Dimoulas, PhD; C.A. Morgan, III, MD, MA; Dennis Charney, MD; and Steven Southwick, MD, "Social Support and Resilience to Stress. From Neurobiology to Clinical Practice," *Psychiatry* 4, no. 5 (2007): 35-40, http://www.ncbi.nlm.nih.gov/pmc/articles/PMC2921311/.
3. Nicholas A. Christakis, MD, PhD, MPH, and James H. Fowler, PhD, "The Spread of Obesity in a Large Social Network over 32 Years," *New England Journal of Medicine* 357, (2007): 370-379, doi: 10.1056/NEJMsa066082.
4. Jessica J. Chianga, Eisenbergera, Naomi I., Seemanb, Teresa E. and Taylora, Shelley E., "Negative and competitive social interactions are related to heightened proinflammatory cytokine activity," *Proceedings of the National Academy of Sciences in the United States of America* 109, no. 6 (2012): 1878-1882, doi: 10.1073/pnas.1120972109.

第六章

1. Salvador Minuchin, *Families and Family Therapy* (Cambridge, MA: Harvard University Press, 1974).
2. Arnett, Jeffrey Jensen, PhD and Schwab, Joseph, *The Clark University Poll of Parents of Emerging Adults*. 2013. http://www.clarku.edu/clark-poll-emerging-adults/pdfs/clark-university-poll-parents-emerging-

adults.pdf.

3. (Joshua Coleman, pers. comm.)

4. Shona Vann, "I've divorced my parents (and it's breaking my heart)," *Daily Mail.com*, February 2011, http://www.dailymail.co.uk/femail/article-1357417/Ive-divorced-parents-breaking-heart--She-blissfully-happy-childhood-So-40-writer-cut-mother-father.html#ixzz3OGUUYTvG.

5. Lise Funderburg, "Why We Break Up With Our Siblings," *TIME*, December 10, 2000, http://content.time.com/time/magazine/article/0,9171,91424,00.html.

第七章

1. Ernest B. Harper and Arthur Duhnam, Eds. *Community Organization in Action*. (New York: Association Press, 1959).

2. Sarah Sentilles, "Breaking up with God," *Huffington Post*.com, June, 20, 2011, http://www.huffingtonpost.com/sarah-sentilles/post_2129_b_880665.html.

3. Pew Research Center, "'Nones' on the Rise," October 9, 2012, http://www.pewforum.org/2012/10/09/nones-on-the-rise/.

4. (Paul Grosswald, pers. comm.)

第八章

1. Dennis Dailey, PhD, "Circles of Sexuality," http://www.health.state.mn.us/topics/sexualhealth/circlesofsexuality.pdf.
2. Lisa Diamond, *Sexual Fluidity: Understanding Women's Love and Desire*. (Cambridge, MA: Harvard University Press, 2009).
3. Eric Anthony Grollman. "The Kinsey Scale: It's Purpose and Significance." http://www.kinseyconfidential.org/kinsey-scale-purpose-significance.
4. Human Rights Campaign, "Coming Out in the Workplace, as Transgender," http://www.hrc.org/resources/entry/coming-out-in-the-workplace-as-transgender.
5. Health Communities.com, "Transgender Health & Sex Reassignment Surgery," http://www.healthcommunities.com/transgender-health/surgery.shtml.
6. (Hanne Blank, pers. comm.)
7. Katy Winter, "'You are married to the Lord and your daddy is your boyfriend': Purity balls, in which girls 'gift their virginity' to their fathers until marriage, sweeping America," *Daily Mail.com*, March 2014, http://www.dailymail.co.uk/femail/article-2586036/Youmarried-Lord-daddy-boyfriend-Purity-Balls-girls-gift-virginityfathers-marriage-sweep-America.html.

8. Daily Mail Reporter: http://www.dailymail.co.uk/femail/article-2270322/Good-morningparents-Im-gay-How-teenage-girl-came-mom-dad-homemadecake-letter-witty-baking-puns.html.

第九章

1. Myplan.com, "Happiness Index: 300 Careers With The Highest Job Satisfaction Ratings," http://www.myplan.com/careers/top-ten/highest-job-satisfaction.php.
2. The Conference Board, "Job Satisfaction: 2014 Edition," June 2014, http://www.conference-board.org/publications/publicationdetail.cfm?publicationid=2785.

第十章

1. Timaree Schmit, "Timaree's Body: Why Is My Doctor Always Running Late?" *PhillyNow.com*, December 11, 2014, http://phillynow.com/2014/12/11/timarees-body-why-is-my-doctor-always-running-late/.

第十一章

1. Chance Allen, "4 Steps to Winning a Breakup," Thought Catalogue, March 2014, http://thoughtcatalog.

com/chance-allen/2014/03/4-steps-to-winning-a-breakup/.

2. Jessica K. Witt and Travis E. Dorsch, "Kicking to bigger uprights: Field goal kicking performance influences perceived size," *Perception* 38, no. 9 (2009): 1328-1340, doi: 10.1068/p6325.
3. Scapegoating Society.

第十二章

1. The Huffington Post Women, "Dealing with a Breakup: 7 Healthy Ways to Cope with Post-Split Stress," Women, *Huffington Post*, June 2013, http://www.huffingtonpost.com/2013/06/05/dealing-with-abreakup-7-tips_n_3389381.html.
2. Barbara L. Fredrickson, PhD, *Love 2.0: Creating Happiness and Health in Moments of Connection*. (New York: Hudson Street Press, 2013).
3. Radical Forgiveness, http://www.radicalforgiveness.com/.
4. Saima Noreen, Raynette N. Bierman, and Malcom D. MacLeod, "Forgiving You Is Hard, but Forgetting Seems Easy: Can Forgiveness Facilitate Forgetting?" *Psychological Science* 25, no. 7 (2014):1295-1302, doi: 10.1177/0956797614531602.

商周其他系列　BO0238X

這一次，你該捨不得的是自己

原文書名／How to Break Up With Anyone: Letting Go of Friends, Family, and Everyone In-Between
作　　者／婕咪．瓦克斯曼（Jamye Waxman）
譯　　者／羅亞琪
企劃選書／黃鈺雯
責任編輯／黃鈺雯
編輯協力／蘇淑君
版　　權／吳亭儀、顏慧儀、林易萱、江欣瑜
行銷業務／周佑潔、林秀津、黃崇華、郭盈均、賴正祐

總 編 輯／陳美靜
總 經 理／彭之琬
事業群總經理／黃淑貞
發 行 人／何飛鵬
法律顧問／台英國際商務法律事務所
出　　版／商周出版　臺北市中山區民生東路二段141號9樓
電話：(02)2500-7008　傳真：(02)2500-7759
E-mail：bwp.service@cite.com.tw
發　　行／英屬蓋曼群島商家庭傳媒股份有限公司　城邦分公司
台北市104民生東路二段141號2樓
電話：(02)2500-0888　傳真：(02)2500-1938
讀者服務專線：0800-020-299　24小時傳真服務：(02)2517-0999
讀者服務信箱：service@readingclub.com.tw
劃撥帳號：19833503
戶名：英屬蓋曼群島商家庭傳媒股份有限公司城邦分公司
香港發行所／城邦(香港)出版集團有限公司
香港灣仔駱克道193號東超商業中心1樓
電話：(825)2508-6231　傳真：(852)2578-9337
E-mail：hkcite@biznetvigator.com
馬新發行所／城邦(馬新)出版集團
Cite (M) Sdn Bhd
41, Jalan Radin Anum, Bandar Baru Sri Petaling,
57000 Kuala Lumpur, Malaysia.
電話：(603)9057-8822　傳真：(603)9057-6622　email: cite@cite.com.my

國家圖書館出版品預行編目(CIP)資料

這一次，你該捨不得的是自己／婕咪．瓦克斯曼(Jamye Waxman)著；羅亞琪譯．-- 初版．-- 臺北市：商周出版：家庭傳媒城邦分公司發行，2023.02
面；　公分．--（商周其他系列；B00238X）
譯自：How to Break Up With Anyone: Letting Go of Friends, Family, and Everyone In-Between
ISBN 978-626-318-532-6（平裝）

1.CST：人際關係 2.CST：人際衝突 3.CST：生活指導

177.3　　111020428

封面設計／張巖　內文設計暨排版／無私設計．洪偉傑　印　刷／韋懋實業有限公司
經 銷 商／聯合發行股份有限公司　電話：(02)2917-8022　傳真：(02) 2911-0053
地址：新北市231新店區寶橋路235巷6弄6號2樓

ISBN／978-626-318-532-6(紙本)
／978-626-318-529-6(EPUB)
定價／380元(紙本)　265元(EPUB)

城邦讀書花園
www.cite.com.tw

2023年2月二版
How to Break Up With Anyone: Letting Go of Friends, Family, and Everyone in-Between by Jamye Waxman